Cartondia

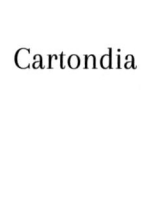

Cartondia

Amanda López Regaña

Círculo Rojo
EDITORIAL

Primera edición: Enero 2024

Depósito legal: AL 3647-2023

ISBN: 978-84-1199-992-2

Impresión y encuadernación: Editorial Círculo Rojo

© Del texto: Amanda López Regaña
© De las ilustraciones: Nerea Vaquero Rambla
© Maquetación y diseño: Equipo de Editorial Círculo Rojo
Editorial Círculo Rojo

www.editorialcirculorojo.com
info@editorialcirculorojo.com

Impreso en España — Printed in Spain

A ti, mi refugio.
Por lo que queda por venir.
El futuro está lleno de puertas
y todas las quiero abrir contigo.

Miguel

Miguel está en su clase. Se aburre un mundo. Él ya entiende lo que son las divisiones de tres cifras a pesar de que es la primera vez que se ve en su clase. ¡Él conoce hasta las que tienen decimales!

Cuando se aburre mucho, Miguel se queda mirando un punto fijo. La maestra a menudo le dice "Miguel, que te distraes con una mosca". Y él se imagina a esa mosca volando, posándose en la mesa, luego en la pared, luego en la pizarra…

¡Guau! Cuántas cosas podría hacer Miguel si le dejaran las tizas un momento…

De repente, empieza a imaginarse dibujando en la pizarra: una casa; no, mejor una casa de dos plantas, ¡y que tenga piscina! Y voy a tener mascota. Al lado de mi casa voy a dibujar la de mi hermana, ¡sí! Pero su casa es más pequeña, y no tiene piscina, pero sí una barbacoa…

Miguel ha abandonado el mundo real y ha aterrizado en uno nuevo. Cada vez que se aburre imagina un edificio diferente sobre cosas que ve por la calle: un colegio, un estadio… Es un no parar… Le encanta imaginarse haciendo mil cosas por su ciudad imaginaria… ¿Tan difícil es divertirse en la realidad?

Los padres de Miguel tienen que empezar a trabajar muy temprano. No tienen más remedio que llevarlo al aula matinal de su colegio. Tiene que levantarse mucho antes que los demás, y lo que es peor, tiene que llegar el primero a la escuela. ¡Qué fastidio!

El primer día solo había dos o tres niños, él y su hermana. ¡Vaya rollo! ¡Otra vez a aburrirse como en clase! Lo que no sabe es que precisamente durante las primeras horas del día es cuando Miguel podría dejar volar toda su imaginación.

La maestra de aula matinal cada día prepara algo diferente para los niños y niñas: manualidades, juegos para contar historias, miniteatros, juegos con cartas, retos, expediciones por el colegio, entrevistas espontáneas… No hay cabida para el aburrimiento. Al menos, Miguel puede entretenerse con algo.

Miguel y su hermana María entran en la biblioteca, que es donde se quedan los niños que llegan por la mañana temprano, la maestra ha dibujado en la pizarra a todos los niños y niñas del aula matinal.

—Mirad, chicos, qué guapos y guapas estáis, ¿a que sí? —les sonríe la maestra.

Miguel está ensimismado pensando que, a lo mejor, la maestra le podría dejar escribir, igual podría hacer algún dibujito… O… su pueblo imaginario.

—Maestra, ¿yo puedo dibujar? —insinúa Miguel esperanzado.

—Claro, Miguel, toda tuya, a ver con qué nos sorprendes.

La maestra sabe que Miguel dibuja muy bien y que tiene mucha imaginación. Lo ha visto disfrutar haciendo manualidades y contando historias inventadas. Está segura de que hará un dibujo maravilloso.

Miguel se prepara, mira un punto fijo como suele acostumbrar. Empieza a dibujar su casa, y la de su hermana, las dos en una montaña grande una al lado de la otra, y a la derecha un estadio, y a la izquierda un colegio, y más montañas al fondo.

Todos los niños le dicen "¡Miguel, dibuja mi casa! ¡Miguel, dibuja un coche! ¡Miguel, dibújame a mí!". No paran de pedirle nuevos dibujos. Miguel va a gran velocidad haciendo líneas que parecen imposibles. Cuando Miguel acaba se queda observando su obra maestra durante unos segundos. Cuando se da la vuelta, ve a su maestra sonriendo pensativa.

—Ya sé qué es lo que vamos a hacer a partir de mañana —dice la maestra.

Cuando los niños llegan al aula matinal, la maestra ya ha preparado varias cajas de cartón, tubos de papel higiénico y papel de cocina y pinturas de colores. Ha dejado las mesas listas para no manchar nada.

—Chicos, vamos a crear el pueblo de Miguel —dice muy emocionada.

Miguel esboza una sonrisa de oreja a oreja, se remanga la camiseta y coge un tubo de cartón. Los demás lo siguen: todos cogen un tubo y empiezan a pintar de colores diferentes sus casas de cartón. Unos le ponen ventanas redondas; otros, ventanas cuadradas; otros, puertas moradas; otros las hacen bicolor o tricolor o multicolor. Cada uno usa su imaginación para pintar su casa de cartón. Están contentos. Y Miguel se siente parte de un grupo que lo adora y lo sigue con admiración.

Durante las siguientes semanas alternan juegos con la creación del pueblo, cada vez hay más edificios: un colegio, una piscina, un faro, un tren, un estadio de fútbol y ¡hasta palmeras! Los niños se divierten mucho imaginando cómo sería pasear por ese pueblecito de cartón. Pero hay algo que aún falta, ¿qué puede ser?

**

Miguel está en su casa. El día ha sido agotador, otra vez solo, intentando hacerse amigo de los niños de su clase; desde que lo subieron de curso no ha sido lo mismo. Echa de menos compartir las horas con los niños de su antigua clase, pero ahora le cuesta el doble hacerse hueco. En el recreo a veces juega con sus antiguos compañeros, pero ya no es lo mismo ni con unos ni con otros. Los de su clase nueva lo miran raro y solo le hablan para trabajar en grupo. Con los únicos con los que disfruta de verdad es con los maestros. Puede pasarse horas y horas hablando con ellos sobre temas que le gustan. Además, los maestros y las maestras adoran hablar con Miguel porque tiene muy buena conversación. A menudo le dicen que es un hombrecito en el cuerpo de un niño. Pero eso es algo que algunos compañeros suyos no llegan a entender. Como cada día, es un incomprendido.

Se va a dormir, pensando que al día siguiente puede seguir creando su pueblo de cartón, pero… Miguel se despierta, le ha dado mucha sed. No suele tener ganas de beber cuando duerme, pero esta vez sí. Debe ser sonámbulo porque no está en su cama, ni en su cuarto, ni su casa. Sí, sí, seguro que cuando camine un paso y vaya a por agua se le quita la somnolencia. Aunque… en realidad le resulta muy familiar. Demasiado familiar. ¡Qué extraño! Todo es marrón por dentro. Es inevitable, Miguel se ha despertado del todo y abre los ojos como si se fueran a salir de las órbitas. ¿Pero dónde está? Miguel mira por la ventana.

—¡Pero cómo es posible! Pero… Pero… ¡Si es mi pueblo! —dice muy sorprendido.

Por la ventana ve la planta baja de su casa, su piscina, su césped y su perro. ¡Ay, pero qué bonito es! Es marrón y tiene… ¿cuerpo de cartón? ¿Cómo va a ser un perro de cartón? Y también ve la casa de su hermana María al lado, con su barbacoa. ¡Ahí va! Si ahí a lo lejos puede ver el estadio, ¡tiene las luces encendidas! ¿Estarán jugando al fútbol?

Miguel sale corriendo escaleras abajo, abre la puerta de su casa y se encuentra en la calle, pero no es como la de siempre, es casi entera marrón, aunque tiene algunos colores pintarrajeados: amarillo, verde, rojo, naranja… Las palmeras se mueven, corre una brisa bastante agradable, pero no hace frío, ni calor. Y el cielo es blanco, no hay nubes, ni siquiera sol, ni luna. ¿Es de día o de noche?

—¡Vamos al cole, niños, que llegamos tarde! —se escucha.

Definitivamente es de día, si no, ¿cómo iba a estar escuchando tal cosa? Como no sabe adónde dirigirse, decide seguir las voces que acaba de escuchar. Gira a la derecha, sigue hacia adelante y se topa con unos cuantos niños, pero no son niños de carne y hueso, ¡sino de cartón! Cuando los niños de cartón ven a Miguel se quedan boquiabiertos.

—¡Mirad! ¡Es él!

—¡Sí, sí! ¡Es él!

—¿En serio? ¿De verdad?

Los niños lo miran como si fuera magia. Miguel no entiende nada. Decide esperar a ver qué dicen.

—¡Es el creador de Cartondia!

¿El creador de qué? ¡Claro! ¡Eso es lo que falta! Un pueblo no es nada sin un nombre que lo represente, y sin comerlo ni beberlo, ya sabe cuál es el de su bonito pueblo.

Así que no se lo piensa y se va con el grupo de niños hacia el colegio, le da curiosidad cómo es un día normal en la escuela de Cartondia. Pero al llegar a ese edificio azul y verde, no sabe a dónde dirigirse, ya que, al igual que su colegio real, hay varias clases.

"Es igual, me meto en esta aula y a ver qué pasa", piensa despreocupado.

Al entrar todo es marrón, como imaginaba, normalmente no pintan los edificios por dentro, los dejan de su color natural. Pero hay una particularidad, en la clase hay niños de todas las edades, pequeños y grandes. Y no solo hay una maestra o un maestro, sino dos o tres. Hay varias pizarras, muchas tizas, muchas mesas y sillas grandes y pequeñas, muchos rincones de juegos y también sillas con pedales, ¿para qué sirve eso?

Miguel no entiende nada de nada.

—¿Necesitas ayuda? —pregunta una maestra de cartón.

—Es que soy nuevo, no sé qué tengo que hacer, estoy perdido —indica Miguel despistado.

—Ve donde quieras, en esta escuela trabajamos todos juntos: los mayores aprenden mientras enseñan a los más pequeños; y los que mejor comprenden una cosa ayudan a los que la comprenden peor. Proponemos retos diarios o buscamos soluciones a un problema del pueblo y entre todos los cumplimos —le explica la maestra de cartón.

—¡Qué raro! —Miguel pone cara de desconcierto.

—Hoy el día va a tratar por completo sobre la formación de oraciones, y aprovecharemos para ayudar a crear carteles para los granjeros del pueblo.

Los maestros se dividen y empiezan a explicar a los niños más grandes cómo se forman las oraciones y qué es lo básico que tienen que aprender los más pequeños. Mientras los mayores atienden, a los pequeños se les da tarjetas manipulativas dependiendo de su edad. Cuando los maestros terminan de explicar, proponen un reto para todo el día. Los mayores deben ayudar a los pequeños a aprender, y a la vez ayudarse entre ellos para que nadie se quede atrás.

A Miguel le parece un lío, pero pronto le coge el tranquillo, porque cuando explican que las oraciones tienen grupos sintácticos, sujeto y predicado y bla bla bla, él ya lo sabe, por lo que aprovecha para ayudar con eso a un niño de cartón que no se maneja muy bien y confunde algunas letras. Y a la vez, este niño de cartón, junto con Miguel, ayudan a un niño más pequeño a diferenciar entre sustantivo y verbo, a utilizar colores para clasificarlos. Y todos juntos elaboran carteles llamativos y preciosos para colocarlos por los campos de cultivo.

—¿Pero para qué quieren los granjeros y granjeras carteles? —pregunta Miguel.

—Para muchas cosas —responde la maestra de cartón—. Para clasificar las verduras y hortalizas, para señalar en qué zona de Cartondia se encuentran, para prevenir posibles animales…

Al final de la mañana cada niño ha aprendido un poco sobre la formación de oraciones, aquellos que se quedan más rezagados usan juegos y técnicas más vistosas. Los maestros y maestras trabajan con todos y de varias formas. Al final, todos aprenden de ello y lo mejor, ayudan a solucionar un problema en su pueblo. Es la primera vez que Miguel no se siente fuera de lugar desde que lo cambiaron de clase. ¡Y eso que no está ni en el mismo mundo!

Pero claro, salen de la escuela y no sabe qué hacer. Ya ha acabado todo, otra vez solo. Es que puede ser muy bueno trabajando, pero le cuesta mucho hacer amigos, hay pocas personas que comprenden la forma de ver el mundo de Miguel. Agacha un poco la cabeza y se va dirección a su casa. Allí se da cuenta de que puede tener una imaginación envidiable, pero lo que más desea en realidad es poder tener a alguien con quien compartir sus ideas y conversar de lo que se le ocurra.

Está en la planta baja con su perrito de cartón, que no para de perseguirle por toda la casa. Como tiene bastante hambre va a la cocina a ver qué se come en Cartondia. Lleva un día… Desde que se levantó de la cama muerto de sed aún no ha probado bocado. Para su sorpresa abre la nevera y no hay nada. Vaya, qué mala suerte. No hay nada de comer. La cocina está montada pero no hay comida por ningún sitio. Lo que sí hay es agua. Así que por lo menos puede beber. Coge un vaso y se da cuenta de que todos son de plástico, y los platos y los cubiertos. ¿Es que aquí no hay nada de cristal? ¿Ni de metal?

Toc, toc. Llaman a la puerta. El perro de cartón ladra y corre hacia la entrada. ¿Quién puede ser? Si no conoce a nadie, salvo a los niños y los maestros de la escuela. Miguel abre esa enorme puerta de cartón y se encuentra a un niño de cartón un poco más alto que él, con una bolsa de papel en la mano.

—¡Hola, Miguel! ¿Te acuerdas de mí? —dice el niño de cartón.

—Hola… Creo que sí, estabas en la misma clase que yo hace un rato, ¿no?

—¡En efecto! —le indica el niño con gran musicalidad.

La forma de hablar del niño de cartón se asemeja mucho a la de Miguel. Y eso le encanta.

—He venido a invitarte a mi casa a comer. He pensado que como acabas de llegar, a lo mejor te apetecía venir. Además, no creo que tengas mucha comida, ¿no?

—¿Cómo la sabes? —le dice Miguel asombrado.

—Lo normal es que cuando una persona nueva llega a Cartondia no se encuentre nada en el refrigerador. No has ido al mercartonato.

—¿El mercartonato?

—¡En efecto! —Cada vez que el niño dice eso levanta un dedo.

—¿Y qué se supone que es un "mercartonato"?

—¿El sitio donde compras comida?

—¡Ah! ¡El mercado! —responde Miguel.

—No, no, se dice: mercartonato.

—Sí, ya lo sé. Es que en el sitio de donde vengo se le dice así.

—En efecto, porque allí todo no será de cartón, que lo sé muy bien. He investigado sobre lo que hay fuera de Cartondia. ¿Y bien? ¿Tienes hambre?

—Emmm… sí, bastante.

—Pues no se hable más.

Durante el paseo hacia la casa del niño de cartón, hablan sobre las cosas del mundo de Miguel. Ambos se ponen al día de cómo son las cosas en los dos lugares, las diferencias, las similitudes, las actividades, los barrios, los transportes… Se ponen al día en todo o en casi todo. El camino hacia la casa no dura para siempre.

El niño de cartón se sienta a su lado en la mesa. Miguel conoce a los padres del niño de cartón, que también son de cartón. Puede observar una pecera con un bonito pez de cartón coloreado. Le sorprende mucho la fauna de Cartondia. Se queda embelesado.

—¿Te gusta?

—Sí, mucho, ¿es tu mascota?

—¿Mascota? No, lo hemos curado, mañana lo volveremos a soltar.

—Pero ¿aquí no hay zoológicos o veterinarios que hagan eso?

—Sí hay veterinarios, pero, normalmente, los animales heridos los acogen en la Reserva Natural de Cartondia.

—¿Entonces por qué lo tenéis vosotros?

—Porque, en la medida de lo posible, los cartondianos ayudamos a rehabilitar a las especies heridas que encontramos.

—¿Y los perros y los gatos? ¿Tampoco son mascotas?

—Miguel, si un perro o un gato vive en tu casa, no es una mascota, es parte de tu familia.

—Sí, sí, ya lo sé, pero ¿y qué pasa con los perros y los gatos callejeros?

—Pues no suele haber, estamos muy concienciados con la acogida y la reproducción responsable de los animales —indica el niño de cartón con palabras muy técnicas—. Si vemos un perro o un gato en la calle lo cogemos y lo cuidamos hasta encontrar una familia, y si no la encontramos, la Reserva Natural se encarga de publicar una acogida urgente.

—¿Y qué pasa si no encuentra familia? —dice Miguel muy preocupado.

—Pues lo matamos.

—¡¿Qué?! —grita Miguel.

—¡Es broma! Miguel, ¿cómo vamos a matar a un ser vivo así como así, sin motivo ninguno? —ríe el niño de cartón—. La Reserva Natural tiene residencia canina, allí se encargan de cuidarlos y darles una vida digna hasta que encuentren familia o mueran.

—Debe haber muchos perros y gatos entonces allí, pobrecitos…

—En Cartondia son familia, hay pocos animales sin hogar, la mayoría adora a los animales y respetamos su biodiversidad —vuelve a ser muy técnico hablando.

—Ahh, qué bien, ¿entonces no os coméis a los animales? —pregunta curioso Miguel.

—Sí, claro, pero consumimos la materia animal en proporciones normales, no abusamos de ello.

—Pero si son de cartón.

—Bueno, tú eres de carne y hueso y te comes animales de carne y hueso, ¿no?

—Pues… sí. ¿Y estás seguro de que yo puedo comer aquí?

—¿Mamá? ¿Tú crees que nuestro invitado puede comer aquí?

La madre de cartón mira a Miguel sonriente y le sirve un plato de sopa de caldo de pollo. Miguel lo observa y ve que es muy parecido al del mundo de carne y hueso.

—¿Cómo lo ha hecho? —pregunta Miguel.

—En Cartondia, las personas aparecen cuando lo necesitan. Y cuando lo necesitan, también se puede transformar su comida en algo que puedan digerir. Así que, querido Miguel, nuestro pollo de cartón es comestible para ti.

—¡Pues qué alegría! Me muero de hambre.

Miguel se zampa su plato de sopa y luego un poco de guisantes recién recogidos del campo. Está muy a gusto en la casa de su amigo de cartón y su familia. Deciden ir a jugar, a hablar, a conocerse mejor. Está muy feliz de sentirse acompañado, tanto, que no recuerda cuánto tiempo lleva allí.

—Miguel, ya debemos irnos a casa.

—¿Por qué? Si nos lo estamos pasando genial.

—Mi madre dice que siempre que lo necesites puedes volver, pero que las personas no deben permanecer demasiado en Cartondia. Yo no entiendo muy bien todavía a qué se refiere, pero creo que nos volveremos a ver.

—Si tu madre lo dice, seguro que así será. —Miguel hace honor a su gusto por la sabiduría de los adultos y se va a su casa de cartón.

Tiene mucho, pero que mucho sueño. ¿Cuántas horas habrá estado en Cartondia? Cierra poco a poco los ojos, qué día más bonito, qué lugar tan maravilloso, qué animales… y se queda dormido. A su sorpresa, vuelve a despertarse. ¡Vaya, con el sueño que tenía! Pero se siente bastante descansado, como si hubiese dormido toda la noche. No obstante, ya no está en Cartondia. Está de nuevo en su cuarto de siempre. ¿Ha sido todo un sueño? No puede ser, ha sido muy real y hasta tiene la barriga llena de comer en casa de su amigo de cartón.

La madre de Miguel entra para despertarlo, pero lo encuentra ya medio vestido. Mientras se vestía ha reflexionado sobre lo que ha soñado, o ha vivido. Se le ocurre que podrían cambiar muchas cosas en su vida si intentara hacer a su alrededor lo que ha hecho en Cartondia. Sonríe muy decidido.

—Mamá, vámonos corriendo al colegio que tengo muchas cosas que hacer.

Hoy en el colegio todo es muy diferente a como acostumbra a ser. Miguel ha decidido atender en clase a pesar de saber muy bien lo que están dando, pero esta vez con un propósito en mente. Ayuda a su compañero de al lado a hacer las actividades y a que comprenda lo que han dado. Esta vez, ya no se siente tan solo. Para su sorpresa, una compañera le pide ayuda también, y luego otro niño, y luego otro. Su maestra le ha permitido levantarse a ayudar a algunos compañeros e incluso él mismo se ha inventado sobre la marcha un juego. La maestra está muy contenta de ver cómo consigue hacer piña con todos por primera vez.

Llega la hora del recreo… y está solo, como siempre. ¡Cuánto echa de menos a sus amigos de cartón! En sus pensamientos está recorriendo Cartondia como si estuviera allí, pero algo interrumpe su camino.

—¡Miguel, ven con nosotros, nos hace falta uno para jugar al fútbol! —grita uno de sus compañeros.

—Gracias, Cartondia —susurra para sí mismo.

Ramón

Ramón está corriendo. ¿Qué ha hecho esta vez? Lo de todos los días. Siempre lo regañan porque ha vuelto a pegar a alguien, o porque le ha robado algo a algún compañero, o porque no deja hablar a la maestra...

—¡Pero qué malo eres, Ramón! —le gritan los niños de su clase.

Pero a él le da igual, él se ríe. Qué bien se lo pasa cuando los ve a todos con las caras largas. Él sale corriendo y si puede golpear algo por el camino, lo hace. Si puede tirar algo al suelo, también. No le importa nada, ¿o sí?

En casa hace lo mismo, no para de molestar a Raquel, su hermana pequeña. Le roba el dinero que le dan los abuelos, le obliga a tirar cosas por la ventana y si no lo hace, le pega. También la acusa cuando ha hecho una de las suyas. Pero su papá ya no le hace caso, sabe que siempre es Ramón.

—¡Pero qué malo eres, Ramón! ¿Por qué me lo pones tan difícil? —le grita su padre.

Y entonces sale corriendo, qué divertido es hacer enfadar a los demás, tirar del pelo, poner zancadillas e ignorar lo que dicen. Pero, aunque le hace reír, no se siente feliz, en realidad lo que siente Ramón es mucha ira. La verdad es que está muy enfadado. El problema es que Ramón no lo sabe.

En la clase de tercero trabajan en grupos, siempre entra otra maestra y se pone a su lado. Ella lo ayuda a atender en clase, a hacer las tareas... Pero a veces, Ramón no quiere hacer nada de eso y le grita, le pega o se levanta y sale corriendo. Mientras corre, él se ríe, aunque luego lo castigan en el recreo y eso es un auténtico rollo.

Hay algo que no le cuadra a Ramón. Y es que la maestra nunca se enfada con él, ni aunque le pegue. Se molesta mucho, sí. Pero siempre aparece en clase de nuevo sonriendo, como si no hubiese pasado nada. Ramón sigue con la misma actitud, aunque no termina de comprender por qué ella no le dice que es malo, como todo el mundo.

**

Hoy es martes y Ramón vuelve a la escuela, está un poco soñoliento. No ha dormido bien porque anoche estuvo en el médico. Sus padres estaban muy enfadados con él. Le había doblado la mano a su hermana y tuvieron que irse todos a urgencias, y para colmo estuvieron como tres horas allí.

—Es que eres muy malo, Ramón, ¿por qué le haces daño a Raquel? —le dice su madre.

Ya en clase, como tiene sueño, solo quiere dormir, pero la maestra vuelve de nuevo y no lo deja en paz. Quiere que escriba el enunciado, que no se olvide de las mayúsculas, las tildes, que cuide la letra, que borre, que escriba de nuevo.

Ramón está tan saturado y tan cansado que de lo único que tiene ganas es de salir huyendo de allí. Se levanta muy rápido de su silla. Los compañeros dicen:

—¡Otra vez, Ramón! ¡Pero qué malo eres!

Ya sí que sí, se va de la clase, corre, corre mucho, como hacía días que no corría. Puede que el sueño lo haga ser más rápido. Cierra los ojos muy fuerte. Tiene ganas de gritar y de llorar. Se prepara para dar un grito y al abrir los ojos… ya no está en el colegio. Empieza a gritar de miedo, de ira, de agobio. Ni él mismo sabe qué le pasa. Solo sabe que es muy malo y que no está en el colegio. ¿Pero qué ha pasado?

Ese sitio es muy raro, es casi todo marrón. Hay un parque marrón y casas marrones y de colores. Se acerca a una de ellas y resulta que son de cartón. Como está tan enfadado solo se le ocurre dar golpes a todo lo que se encuentra: una pared, una papelera, un banco, un coche… Pero ¡anda, mira!, ¡hay personas! A Ramón le apetece romperlo todo. Las personas lo miran con asombro, pero más asombrado está Ramón cuando ve que la gente también es de cartón.

Cuando se decide a correr hacia las personas de cartón para romperlas en trozos aparece de repente una mujer de cartón delante. Ramón se para en seco. Le recuerda a alguien. Pero en vez de hablar con ella, la rompe y sigue su camino. Sorprendentemente, aparece de nuevo y esta vez le sonríe. Esta vez no la rompe, solo la aparta. Pero de nuevo aparece en su camino. ¡No le deja avanzar! Ramón está tan confundido que empieza a respirar muy fuerte y a apretar los puños.

En un segundo, Ramón se encuentra atrapado en cuatro paredes. Se da cuenta de que es cartón, así que lo golpea.

—¡Ay! ¡Pero qué duro está! —grita Ramón dolorido.

—Es que es cartón piedra, un material muy resistente —le habla alguien desde fuera.

—¿¡Quién eres tú!? ¿¡Qué quieres!? ¡Sácame de aquí o te pegaré y te haré un moratón! —grita Ramón enfurecido.

—A los cartondianos y cartondianas no nos salen moratones. De hecho, cuando nos rompemos algo lo arreglamos y parece que no se ha roto.

—¿Pero qué hablas? ¡Que me saques de aquí ya!

—Solo tú puedes sacarte.

A medida que Ramón se enfada más, la habitación se hace más y más pequeña.

—¡¡Sácame ya!! —Ramón grita de ira, pero en el fondo tiene miedo.

—Cuanto más nervioso y enfadado estés, más pequeña se hará la caja.

—¡Pero qué caja, si esto es una habitación! ¡Estás mintiendo!

—Observa bien, es una caja de cartón piedra. En Cartondia no mentimos. Relájate y podrás salir.

—¡Ya no me puedo mover! ¡AHHH!

Ramón está tan agotado que al cabo de unos minutos deja de gritar y se tranquiliza. La caja se hace un poco más grande.

—¿Y bien? ¿Ya estás más tranquilo? —pregunta la mujer.

—Sí —musita Ramón—. Pero aún no puedo salir.

—Tranquilo, piensa en algo bonito y respira.

Ramón recuerda el día que su familia y él fueron a la playa juntos hace unos años, era más pequeño. Raquel era una bebé. Se lo pasó tan bien ese día con su mamá bañándose en el mar, y con su papá jugando en la arena. Y Raquel era tan pequeña en su minipiscina de agua. Casi le sale una sonrisa. Respira y aparece una puerta de cartón en la caja.

—¡Eso es! ¡Qué bien lo has hecho! —exclama la mujer de fuera.

Ramón abre la puerta y sale muy tranquilo al principio. Observa a la mujer de cartón, que tiene el brazo roto con una tirita verde. Antes de que pueda decir nada, vuelve a salir corriendo. Corre muy rápido. Y en un instante aparece de nuevo en la escuela.

—¡Ramón! ¡Para! —escucha a lo lejos.

Se para en seco y abre y cierra los ojos, incrédulo. ¿Qué acaba de pasar? Habrá sido un lapsus. Hay gente que lo tiene alguna vez. La maestra lo alcanza y como siempre sonríe.

—¿Quieres que nos sentemos a hablar de lo que ha pasado? —pregunta la maestra.

—No.

—Vale, pues cuando quieras hablar, hablaremos. Ya es la hora, me tengo que ir a otra clase. Espero que tengas un bonito día.

La maestra lo acompaña a clase y se va. Durante todo el día Ramón no para de darle vueltas a la cabeza. ¿Qué es Cartondia? ¿Por qué se siente tan avergonzado? ¿Qué le está pasando? Algo nuevo acaba de suceder y no sabe cómo afrontarlo. No quiere decírselo a nadie porque todos pensarán que está mintiendo. Claro, es que piensan que es muy malo. Todos lo piensan: sus compañeros y compañeras, su madre, su padre y su hermana. ¿Cómo estará Raquel? Recuerda que le dobló la mano. Se empieza a sentir culpable y por un momento desea estar en la playa con su familia.

** **

Ya hace días que no le hace daño a su hermana, pero ella sigue sin querer que se acerque. En el fondo está muy triste, solo quiere dejar de ser malo. Pero no puede. Hoy lo han vuelto a castigar en clase, esta vez porque le ha robado los cromos a una niña de su clase. Como es tan malo, sus padres nunca le compran nada, pero a él le encantan los cromos. La maestra le ha dicho que robar está mal y que se quede reflexionando. Pero no quiere escuchar otro sermón. Solo quiere irse de allí cuanto antes. Así que corre y corre de nuevo. A lo lejos escucha a los niños y niñas decir lo malo que es y huye de ese pensamiento.

Otra vez aparece en Cartondia. Esta vez no está tan enfadado, está triste. Y como está muy triste coge una piedra del suelo e intenta romper un cristal de un edificio. ¡Qué fastidio! La piedra es papel y el cristal de plástico. No se puede partir. Empieza a correr por las calles y llega a un edificio muy alto de cartón, pero está pintado de rojo y blanco. Parece un faro.

—Has llegado al faro de Cartondia —dice la mujer cartondiana.

—¿Qué haces aquí? —se sorprende Ramón.

—Yo vivo aquí, ¿y tú?

—¡No lo sé! ¡Déjame! ¡Estoy buscando algo!

—Me has preguntado tú antes, ¿cómo te llamas? —le sonríe.

—¿Y a ti qué te importa?

—La verdad es que me gusta saber quién visita mi pueblo, pero si no me quieres decir tu nombre, no te puedo ayudar a encontrar lo que sea que estés buscando.

—…Ramón —le dice en voz baja.

—Encantada, Ramón. ¿Quieres que te ayude a buscar eso?

—No estoy buscando nada, en realidad me he perdido, no sé cómo he llegado hasta aquí.

—Empecemos por ahí. ¿Sabes dónde estás?

—En Cartondia, ¿no?

—¿Y sabes cómo has llegado hasta aquí?

—¡Yo qué sé! —Ramón empieza a ponerse nervioso.

—Bueno, normalmente en Cartondia solo recibimos visitas como la tuya cuando es necesario.

—¡Para qué necesitáis que esté aquí! ¿¡Por qué me habéis traído y cómo!?

—Nosotros no necesitamos nada, eres tú quien lo necesita.

—¡¡Es mentira!! ¡Sácame de aquí!

Ramón coge a la mujer cartondiana de la cara y la tira al suelo. Acaba de tener un ataque de ira. Se encuentra de nuevo dentro de la caja. Está muy nervioso, pero esta vez ya sabe lo que tiene que hacer para salir de ahí.

—¡No me importa! Solo tengo que pensar algo bonito y saldré de esta estúpida caja otra vez.

Ramón recuerda el día de playa, pero esta vez la caja no se hace más grande. No se abre una puerta. Pasan varios minutos y está desesperado. Se empieza a poner más nervioso y grita.

—¡Pero por qué no puedo salir! ¡Si estoy tranquilo!

Lo intenta de nuevo. Nada. No pasa nada. Está tranquilo y no hay salida. La mujer no dice nada. A lo mejor sigue tirada en el suelo. ¿Y si la ha dejado inconsciente?

—¿Hola? ¿Estás ahí? —pregunta Ramón un poco culpable.

—Sí —responde seria.

—¿Cómo puedo salir? No ha funcionado lo que me dijiste la última vez.

—No es tan sencillo. La primera vez aprendiste que debías controlar tus emociones y tus impulsos para salir. Esta vez me has hecho mucho más daño y no es suficiente con tranquilizarse.

—¿Y qué tengo que hacer?

Nadie contesta. Ramón no sabe qué hacer, necesita salir de allí, está agobiado y no puede soportarlo más.

—¿Qué tengo que hacer? ¡Por favor!

—¿Qué has dicho?

—Que no sé qué tengo que hacer, que me lo digas.

—No, lo otro.

—¡Por favor! —Ramón empieza a llorar.

—Así sí.

La habitación se hace un poco más grande, Ramón ya puede moverse un poco. Pero… no hay puerta, sigue sin poder salir.

—Oye, pero ¿y la puerta?

—Hay algo que tienes que decir que no has dicho.

—¡Por favor! Sí te lo he dicho ya.

—Eso no es lo que tienes que decir.

—¿Qué quieres que diga?

—Piensa, ¿qué dicen las personas cuando hacen daño a otras?

Ramón se da cuenta de que tiene que pedir perdón si quiere salir de esa caja, pero es muy orgulloso y no quiere hacerlo. Se pregunta cuánto tiempo pueden dejarlo ahí. Al cabo de un buen rato, Ramón vuelve a preguntar.

—¿Sigues ahí?

—Sí, y tú también.

—Nunca pido perdón a nadie.

—¿Por qué?

—Porque nadie me pide perdón a mí.

—¿Te han hecho algo para que te tengan que pedir perdón?

—Pues sí. Nadie quiere ser mi amigo, todos me dicen que soy malo. Me hablan mal y no me miran siquiera. Pero a mí me da igual.

—Vaya… Debe ser muy duro que nadie quiera estar contigo.

—Me da igual.

—¿Seguro?

—¿Me vas a sacar ya de aquí?

—Ya sabes qué tienes que hacer para salir.

—Pero es que, aunque te pida perdón, no vas a querer sacarme de aquí.

—Eso no es verdad. Si me pides perdón de corazón te ayudaré a salir.

—Pues perdón, ala.

La caja no hace ni un movimiento. Ni puerta, ni ventana, ni agujerito para ver lo de fuera.

—¡Me has mentido! ¿No decías que en Cartondia no decís mentiras?

—Y no las decimos.

—¿Y por qué no puedo salir?

—Porque no lo has dicho de corazón.

—¡Cuando salga te voy a pegar!

La mujer de cartón aparece en la caja junto a Ramón como por arte de magia. Por un momento, Ramón se va hacia ella con intención de pegarle y romperla en trozos, pero cuando se gira y la ve se queda quieto. Tenía la cara rota, con tiritas azules en varias partes. Tenía un ojo desdibujado, le faltaba una oreja y la sonrisa había desaparecido.

—Aquí estoy. No me voy a romper. Siempre me recompongo —indica la mujer muy seria.

Ramón no hace nada. La mira con el puño en alto. Pero deja caer su brazo y un sentimiento de culpabilidad le recorre el cuerpo.

—Perdón por hacerte eso —termina diciendo.

—Ahora sí —le sonríe la mujer a la vez que la caja desaparece.

—Bueno, pues ya me voy.

—¿A dónde vas?

—A mi casa.

—No te puedes ir todavía porque aún tienes algo pendiente que hacer aquí.

—Pero si ya te he pedido perdón, lo siento, de verdad.

—Sí, lo sé. Pero la última vez que estuviste aquí hiciste cosas y no pediste perdón.

—¿Cómo voy a pedirle perdón a una pared? Es una tontería.

—A veces, el perdón se expresa con acciones.

—¿Qué quieres decir?

—Que tienes que arreglar los destrozos que has hecho, si no, no vas a poder salir.

La mujer de Cartondia y Ramón emprenden un largo paseo a lo largo y ancho del pueblo. La mujer le da trozos de cinta adhesiva de distintos colores para que lo vaya arreglando. A medida que lo va haciendo, se siente mejor. Observa que los edificios están marcados de por vida por su culpa, pero al menos intenta dar una solución.

Cuando acaba con todo, mira a la mujer y le sonríe un poco.

—¿Cómo estás?

—Bien.

—¿Quieres que nos sentemos a hablar de lo que ha pasado?

Entonces Ramón se da cuenta, la mujer de Cartondia le recuerda a la maestra que va a su clase algunas veces a ayudarlo.

—No, no quiero hablar.

—Vale, pues cuando lo necesites aquí estaré.

Ramón aparece en su escuela de nuevo. Acaba de parar de correr y se topa con la maestra que va a veces a su clase.

—¿Otra vez tú? —dice Ramón.

—Pero bueno, Ramón, si hoy todavía no nos habíamos visto.

Mira a su maestra perplejo, le mira el brazo y tiene un moratón que ya se ha vuelto verde.

—Maestra, ¿qué tienes en el brazo?

—Ah, esto. No pasa nada, Ramón. Sé que no lo hiciste queriendo.

—¿Pero he sido yo?

—El otro día cuando saliste de clase corriendo me diste, pero sé que fue sin querer, ¿a que sí?

A lo mejor fue sin querer, pero Ramón se da cuenta de que está mal. No fue su intención, así que recuerda lo que le ha pasado en Cartondia y cuánta culpa sintió cuando vio a la mujer de cartón toda destrozada, con tiritas verdes y azules.

—Lo siento, maestra, esa vez fue sin querer.

—Ramón, ¿me estás pidiendo perdón?

—¡Sí! ¿Vale?

—Vale, vale… ¿Necesitas que hablemos de algo?

—No.

—Bueno, ve a recoger tus cosas que ya mismo nos vamos a casa.

Ramón se va corriendo. Ese día en casa se acerca a la habitación de Raquel. Está cerrada. Llama a la puerta y entra. Raquel no lo mira. Tiene una venda en la mano. Aún no se ha recuperado del todo. Ramón la mira por primera vez y se le forma un nudo en la garganta. Está muy triste y se siente muy culpable.

—¿Qué quieres? ¿Pegarme otra vez?

—¡¡Perdón!! —grita Ramón.

Y se va llorando a su habitación, con las manos en la cara. Se anida en un rincón y llora desconsoladamente. Se siente muy mal, muy solo, muy vulnerable. Quiere arreglarlo, pero ya es demasiado tarde.

Mamá va a su habitación y observa el panorama. Hacía mucho tiempo que no veía a su hijo llorar de esa manera. Ramón es grande, pero todavía es pequeño. Llora mucho. Su madre se acerca a él y se agacha. Ramón sigue llorando, se da cuenta de que ha llegado su madre. Ahora se seca las lágrimas y se pone muy serio sentado en el suelo.

—No le he hecho nada, lo juro.

Su madre lo abraza. El abrazo más grande jamás recordado. Ramón llora de nuevo otra vez, esta vez no puede ni respirar bien. Tiene tanta tristeza en su interior que empieza a dolerle la cabeza.

—Mamá, no soy malo. Mamá, perdón, no soy malo. No soy malo… —Llora Ramón.

—Lo sé, cariño.

—Mamá, no soy malo. Perdóname, perdóname.

Ramón se queda dormido llorando. Está tan cansado y se siente tan triste que el sueño le ha vencido.

**

Ya ha pasado un mes desde que fue a Cartondia por última vez. En casa está mejor, ya no ha vuelto a hacerle daño a Raquel y mamá y papá están mejor con él. El problema es que siguen llamándolo del colegio para darle algunas quejas.

—Ay, Ramón, ¿por qué no te puedes portar bien con los compañeros y las compañeras? —le dicen sus padres.

Sabe que lo que hace está mal, pero no puede evitarlo. Nadie quiere ser amigo suyo y no sabe cómo hacerlo. Sus padres intentan hablar con él, pero se niega. No quiere escuchar más cosas malas sobre él. ¿No es suficiente haber estado bien en casa? ¿No pueden dejarlo en paz? Si ya ha pedido perdón a Raquel, ya se porta mejor. ¿Y qué hace Ramón entonces cuando no quiere escuchar? Correr.

Corre muchísimo. Llora mientras corre. Se siente culpable, solo quiere hacer amigos, solo quiere que lo quieran, solo quiere dejar de ser el niño malo. Y como era de esperar, Ramón aparece de nuevo en Cartondia. Y como era de esperar, allí está de nuevo: la mujer de cartón.

—¡Hombre, Ramón! ¡Cuánto tiempo sin verte! —le sonríe.

Ramón se da cuenta de que tiene la cara mejor y el brazo ya no lo tiene remendado. Se queda más tranquilo. Pero no entiende qué hace allí.

—¿Por qué estoy aquí? —pregunta con anhelo de saber respuesta.

—Pues la verdad es que no lo sé. Ya has aprendido a pedir perdón y a tranquilizarte un poco. Algo necesitarás para estar aquí, ¿no crees?

—¿Y qué es?

—No lo sé, pero tengo una idea. ¿Quieres que vayamos a la playa?

Ramón expulsa lo que parece una leve sonrisa, aún le cuesta, pero le gusta el plan. La mujer de cartón, junto con Ramón, se monta en el coche, también de cartón, y emprenden camino hacia Cártaga, el lugar donde se encuentra la playa de Cartondia. Ramón comienza a abrir su corazón con la mujer de cartón, le cuenta que en su clase nadie quiere ser amigo suyo. Que no sabe cómo hacerlo, que solo quiere jugar con todos y que le presten sus cosas.

—Bueno, quizás tengas que empezar por no robar, ¿no crees?

—Es que no me quieren prestar nada, y yo quiero jugar o coger algo. Pues lo cojo, si total, van a seguir diciendo que soy malo.

—No debería ser así.

Han llegado a Cártaga, y en la playa hay gente: se bañan en el mar, hay pelotas, juegos… No hay sombrillas, claro, es que no hay sol. ¡Qué suerte, en Cartondia nadie se quema! La mujer de cartón se acerca con Ramón a la gente de por allí y empieza a saludar a algunos cartondianos. Ramón ve una pala de pin pon y la coge para jugar. Pero ¡puf! Desaparece de su mano. ¡Puf! Aparece en el suelo de nuevo. La coge y ¡puf! La coge y ¡puf! No hay manera. Una niña lo mira y le dice:

—Esa pala es mía.

—Estaba en el suelo —le replica Ramón.

—Que esté en el suelo no significa que puedas quedártela.

—Bueno, pero no sabía que era tuya.

—¿Quieres jugar conmigo?

Ramón se queda pensativo. ¿Ha dicho lo que cree que ha dicho? ¿Le ha propuesto jugar con él?

—Da igual, de todas formas, cuando la coja, va a desaparecer.

—Si yo decido prestártela la podrás conservar. En Cartondia no podemos robar, cuando tenemos intención de hacerlo, el objeto desaparece y vuelve al sitio donde estaba. Pero si yo te lo presto, podrás cogerla.

—¿En serio?

—Sí, prueba.

Ramón coge la pala de pin pon y no se esfuma de entre sus dedos. Juega durante un buen rato en la playa con la niña de cartón y de un momento a otro comienzan a llegar más niños para unirse al juego. Ramón ríe, está feliz. Está tan contento que no sabe ni el tiempo que lleva jugando.

La mujer de cartón se acerca a él y le dice que es momento de irse a casa. Ramón entiende lo que está pasando. Ya ha aprendido ese algo que necesitaba aprender. Tiene un sentimiento muy fuerte en su interior. Así que sin saber bien qué decir o qué hacer, abraza a la mujer de cartón.

—Gracias, maestra.

**

—¡Ramón! ¡Espera, no corras! —le llama su padre.

Ramón se para en seco. Se da la vuelta y ve a sus padres detrás de él.

—Ramón, no queremos que pienses que te vamos a regañar. Solo queremos decirte que hacer amigos lleva un tiempo. Que tienes que portarte bien con ellos si quieres que ellos jueguen contigo.

—Lo voy a intentar, lo prometo.

Ramón está convencido de que lo conseguirá, pero poco a poco. Hay días que le cuesta más y días que le cuesta menos. Hay días que habla peor que otros, pero ya no roba en clase, ni le quita los cromos a los niños y niñas. Y un día habló más de dos minutos con una compañera. Sabe que tiene que ser paciente, pero que llegará el momento de sentir que tiene amigos y amigas.

Su maestra le invita a hablar con ella y a veces accede, otras no. Abrir el corazón toma un poco de tiempo, pero ya se expresa un poco más e incluso a veces, con los demás delante. Ha ido a la playa más a menudo con su familia, eso le hace muy feliz. Pero lo que más contento le pone, sin duda, es que ya hace bastante tiempo que no escucha:

"Ramón, qué malo eres".

Jesús

Jesús es muy travieso. ¡No para quieto! También es muy risueño y divertido. Le encanta hacer bromas con sus amigos. Es espontáneo. A veces le están hablando y suelta una frase sin venir a cuento. Y entonces, ya no recuerda lo que le estaban diciendo. Pero lo hace porque le gusta hacer reír a los demás.

Es el alma de la fiesta. Sus vecinos siempre le dicen que es un torbellino. Y baja a la calle a jugar con sus amigos al fútbol, al escondite, al pilla-pilla… Pero lo que más le gusta es montar en bicicleta. Es uno de los niños más rápidos de su clase y lo demuestra todos los días: se levanta una y mil veces para hacer cualquier cosa que necesite, porque la verdad es que Jesús es un niño al que todo le llama la atención, todo le sorprende, todo le fascina.

¡A sus maestros los trae por la calle de la amargura! "¡Jesús, no te levantes! ¡Jesús, estate quieto! ¡Jesús, no molestes! ¡Jesús! ¡Jesús! ¡Jesús!". Todo el día llamando a Jesús. A veces ni él mismo sabe por qué están tan molestos los maestros. Es cierto que le cuesta concentrarse un poco, pero tampoco hace nada malo.

Pero es que no lo puede evitar, le encantaría que sus maestros estuvieran contentos, pero algo en su cuerpo y en su cabeza le hace ir acelerado. ¡Oh, una paloma en la ventana! ¡Mira, a Ainhoa se le ha caído el estuche! ¡Marcos ha hecho un ruido con la mesa! ¡Mara está sacando punta al lado de la pizarra! ¡Jose se acaba de reír! Y multitud de cosas interesantes que ocurren y que él no puede evitar observar y escuchar.

El único momento en el que Jesús está más concentrado es cuando coge su bicicleta. La tiene en un cuartillo en su bloque junto con otras bicicletas de vecinos. Es salir con ella a la calle y sentir libertad. Afortunadamente su abuelo Paco vive en una casa de campo y puede recorrer amplios caminos con ella para visitarlo. Le da el aire en la cara, observa cómo todo a su alrededor parece que se mueve a gran velocidad, es como si solo estando encima de su bici pudiera sentirse pleno, a su ritmo.

Por supuesto, también se lo pasa en grande con su abuelo Paco. Juntos van al campo y recogen verduras y hortalizas muchas veces. El abuelo Paco tiene varios nietos, pero con Jesús tiene algo especial, dice que es un niño de lo más auténtico y además es el más rápido para coger espárragos, para regar, para hacer de todo. Es que con él acaba en menos tiempo la jornada. A Jesús le encanta ir con su abuelo porque sabe que está muy orgulloso de él, a diferencia de sus padres y sus maestros, que no paran de corregirle todo el rato. El abuelo Paco es genial, siempre le permite ir más rápido y coger más hortalizas. Y al final acaba tan cansado que se queda dormido en un instante después de ducharse.

—Ahora sí que es un angelito —suele decir mamá.

Pero Jesús no puede estar todo el día con su abuelo Paco. Tiene sus obligaciones: ir a la escuela, hacer deberes, ir a algunas extraescolares… A veces piensa que el mundo va a un ritmo imposible. Si intenta ser un poco más él, alguien acaba regañándole. ¡Cuánto echa de menos al abuelo Paco!

**

Como es de esperar, algunos días llaman a los padres de Jesús en la escuela para hablar sobre el comportamiento de Jesús. A veces, los niños se quejan demasiado de sus bromas y su maestra no puede terminar la clase, o no trae los deberes hechos del todo o sus trabajos son menos elaborados; hay días que Jesús estornuda mucho y muy fuerte y los niños se ríen y se distraen. Hay que ponerle una solución y quieren ayudar a Jesús para que mejore en estos aspectos.

Cuando sus padres le dicen a Jesús todo lo que han hablado en el colegio, él se siente atacado. Pero ¡si hago los deberes! ¡Si yo me porto bien con mis amigos y amigas!

—Jesús, a veces crees que te portas bien, pero no prestas atención, y les haces bromas a los niños y niñas demasiado pesadas —le intenta explicar su madre.

—¡Pero si ellos se ríen y me hacen bromas a mí también!

—¡Y es que, además, seguro que estornudas más fuerte a propósito!

—¡Pero cómo voy a hacerlo a propósito! ¡Es que no lo puedo evitar!

—¡Ay, Jesús! ¡Qué voy a hacer contigo! Entiéndeme.

Jesús no lo entiende, si él actúa bien con los demás, sabe que a veces no atiende como debería, pero ¿quién lo hace? Todos hacemos bromas de vez en cuando. Jesús está bastante frustrado, no entiende qué hace mal, por qué molesta tanto. Es verdad que hace bromas y que se mueve mucho, pero ¿es para tanto?

Después de la charla con su madre le apetece ir a ver a su abuelo Paco. Él seguro que ve cosas buenas en él. Coge su bici a toda prisa y se monta. Pedalea, pedalea, pedalea. Adora el aire, cómo el pelo se le va hacia atrás y no le molesta nada en la cara. Pedalea más rápido, sus piernas van más rápido que los pedales. Oh, oh…, el pedal se ha puesto un poco más duro, a Jesús le cuesta un poco más pedalear, mira hacia abajo a ver qué sucede. Nada, no pasa nada, el pedal ha vuelto a su ritmo normal. Lo que no es igual es el camino… ¿dónde está?

Jesús se queda fascinado, sigue pedaleando, pero su bici no es igual. ¿Cómo es posible? ¿Qué está pasando? ¡Mira una paloma! ¿Una paloma? ¿Marrón? ¡Oh, un… niño con sombrero rojo! ¿Solo es rojo el sombrero? ¿Pero dónde está Jesús? ¿Cómo ha llegado? Se para en seco.

Hacía mucho tiempo que Jesús no se quedaba tan quieto. Tiene la boca abierta y mira a todos lados. La quietud le dura bastante poco, en un instante se monta en su bici de… ¿cartón? ¡Sí que es resistente! Da un largo paseo por ese lugar y se da cuenta de que todo es de cartón: las vallas, las piedras, los carteles… Pero ¿qué ponía ahí? Jesús iba a tanta velocidad que no ha logrado leer lo que decía el cartel.

Acaba de dejar atrás las pocas construcciones que ha visto y a lo lejos observa un campo gigante con algo que parecen girasoles… ¿Girasoles de cartón? Mira hacia el cielo, que resulta que es blanco y no hay sol. ¿Hacia dónde miran los girasoles? No hay sol. Se da cuenta al avanzar de que los girasoles se mueven de un lado a otro, a veces más rápido, a veces más lento. Parece que están locos.

Jesús no duda ni por un segundo introducirse entre los miles de girasoles que hay en el campo, los observa con mucha atención, a unos y a otros. No se da cuenta, pero hace mucho que Jesús no está tan atento durante tanto tiempo. ¿Hacia dónde miran? ¿Qué buscan?

Jesús toca el tallo de un girasol. Cartón, como suponía. Toca una hoja. ¿Papel? ¿Cartón fino? Qué textura tan rara. Pero no se atreve a tocar la cabeza del girasol, tiene un poco de miedo al pensar que el girasol puede quedársele mirando. Aguanta la respiración lo máximo posible, para no articular ni un solo sonido. Ufff, pero le pica un poco la nariz…

"No por favor, si empiezo no paro", piensa Jesús muy angustiado. Está a punto de estornudar y sabe que él no puede hacerlo solo una vez, sino tres o cuatro como mínimo. Y además sus estornudos son como los de su abuelo Paco, ¡superescandalosos!

Se tapa la nariz, pero es inevitable, los ojos se le achinan, se le abre la boca y en menos que canta un gallo…

¡AH-CHÚS!

¡AAHH-CHÚÚS!

¡AAAHHH-CHÚÚÚS!

¡AAAAHHHH-CHÚÚÚÚS!

Oh, no… Los miles de girasoles de cartón, al escuchar el sonido, se giran a toda velocidad hacia Jesús. Le causa tanta impresión que sale corriendo, gritando, pero no encuentra salida. Cuanto más grita, más girasoles le miran, y giran en su dirección. No sabe por dónde salir, está perdido, corre hacia adelante, hacia la derecha, hacia la izquierda… Está agobiado, no soporta que lo miren con tanta atención. ¿Es que no hay nada más ruidoso que Jesús en todo el campo de girasoles?

¡PUM! Se choca. Va tan rápido y mirando tantas cosas que no se ha dado cuenta de que delante de él había una persona.

—Ayyy —se queja Jesús.

—¿Cómo que "Ay"? ¡Me has dejado doblado enterito! —le dice el hombre.

—Perdón, es que… —Jesús se le queda mirando, el hombre es completamente de cartón. Literalmente está doblado por el golpe.

—Me tienes que ayudar a enderezarme. —El hombre de cartón le indica cómo debe ayudarlo y entre los dos consiguen que el hombre se recomponga. Aun así, no ha quedado bien del todo.

Jesús siente un poco de culpabilidad.

—Oh, no te preocupes, las arrugas de mi cartón ya estaban de antes, yo trabajo en el campo y a veces me doblo bastante. —El hombre de cartón lleva algunas tiritas pequeñas rojas por el cuerpo y tiene los brazos y las manos de cartón piedra. Son la parte más resistente del hombre.

—Mi abuelo Paco también trabaja en el campo —le indica Jesús, muy orgulloso.

—¡Entonces sabrás que es un duro trabajo! Dime, ¿tú ayudas a tu abuelo?

—¡Pues claro! Soy el más rápido de mis primos en coger espárragos, pimientos, patatas… Planto semillas en menos que canta un gallo y además lo hago sin sudar.

—¡Vaya! Entonces eres magnífico para trabajar.

—Bueno, en mi clase no dicen lo mismo… —A Jesús se le apaga la mirada. Pasa de estar contento a tener ojos tristes.

—¿Por qué, qué dicen en tu clase?

—Mi maestra dice que no presto atención y que molesto a los demás, ah, y que estornudo muy fuerte a propósito.

—Bueno, sí que es cierto que estornudas muy pero que muy fuerte, no cualquier sonido hace que los girasoles dejen de mirar a todas partes.

—¿Lo has escuchado?

—¡Y tanto!

—Pues sí que es escandaloso entonces, lo siento.

Jesús está hablando con el hombre de cartón, pero es incapaz de dejar de mirar para todas partes, mover el pie, cambiarse de postura, dar vueltas. Es que no para quieto.

—No lo sientas, es parte de ti. Lo que sí veo es que eres un poco como ellos.

—¿Como quiénes?

—Como los girasoles.

—¿Por qué? —Jesús se queda mirándolos y luego mira al hombre de cartón sonriendo y luego otra vez a los girasoles.

—No paras quieto, chiquillo.

—Es que no lo puedo evitar.

—¿Tú sabes lo que yo hago cuando quiero que los girasoles estén quietecitos para poder trabajar con ellos?

—Ni idea. —Mira debajo de los girasoles por si tenían un botón de apagado, pero ni rastro.

—¡Ja, ja, ja, ja, ja! Así no funcionan las cosas en Cartondia.

—¿Cartondia?

—Sí, este lugar se llama Cartondia, bueno exactamente este lugar se llama Cartevilla, es una zona de Cartondia.

—¿Y por qué he llegado hasta aquí?

—¡Ah! Pues porque lo necesitas. Es raro que hayas aparecido en el campo, con la de sitios que hay para aparecer.

—He venido en bici.

—¿Cómo? ¿En bici? Pero bueno, si es una distancia muy larga. Hasta aquí se llega en coche o en el tren.

—Pues yo no me he montado en ningún tren, yo he ido con mi bici, bueno, no mi bici de siempre, la de cartón y…

—Ah, claro, eso lo explica todo.

—¿El qué?

—Las bicis de Cartonadia van tan rápido como sus conductores lo son, por eso no has necesitado el tren. Seguro que te has encontrado el cartel de Cartevilla por el camino. ¡Qué cosas!

—¿Entonces quiere decir que soy muy rápido?

—Quiere decir que tu cabeza va a mucha velocidad y como tú eres así, la bici adquiere tus capacidades.

—Ahhh…

—Bueno, ¿te cuento eso entonces?

—¿El qué?

—¡Ja, ja, ja! Muchacho, lo que yo hago para que los girasoles se queden quietecitos.

—Ay, sí, ¡sí, explícamelo!

—Bien, te lo voy a demostrar paso a paso para que lo entiendas: primero emito un sonido fuerte para llamar su atención, como te ha pasado a ti con el estornudo. —El hombre cartón toma aire y grita—: ¡GIRASOL!

Todos los girasoles dejan de moverse y se giran hacia el hombre de cartón, que está muy concentrado en el siguiente paso.

—Segundo paso: tengo que hacer que me miren un poco más, así que los relajo con una canción.

—¿Una canción?

—Sí. —Y empieza a tararear una melodía muy tranquila y pausada.

Los girasoles lo observan y, mientras el hombre de cartón sigue cantando, empieza a trabajar con ellos: arreglarles las hojas, coger algunas pipas… La canción no es eterna, pero dura lo suficiente para que estén quietos un tiempo más duradero.

—¿Ves? Cuanto más se relajan, más tiempo se concentran. Igual que tú, que te has quedado muy tranquilo.

Jesús no se había dado cuenta, es verdad que al escucharlo cantar se había concentrado en la música y no en lo demás. No se había dado cuenta de que había trabajado ya con unos cinco o seis girasoles.

—¡Qué guay! —gritó Jesús.

Los girasoles dejaron de estar quietos y se giraron hacia él.

—Bueno, la tranquilidad no dura eternamente, el movimiento está en la naturaleza de los girasoles, por eso siguen distrayéndose con facilidad. ¿A que también te pasa a ti?

—Sí, un poco sí… —indica Jesús un poco avergonzado.

—No sientas vergüenza por ser como eres, solo tienes que encontrar los truquitos para lograr concentrarte, Girasús.

—¿Girasús?

—Ahora cada vez que quiera que me mires gritaré "Girasús" y sabrás que es a ti. Tú mismo puedes hacerlo también para ti. Cuando sientas que no estás concentrado grítatelo —le aconsejó el hombre de cartón.

—Girasús… —Se queda pensativo Jesús—. Me gusta.

—Me alegro —le indica el hombre de cartón.

Pero Jesús no está contento del todo, hay algo que no le deja estar feliz.

—Bueno, chiquillo, ¿qué te pasa? —le pregunta el hombre de cartón.

—Es que yo puedo gritarme "Girasús" y todo eso, pero en el colegio sé que no voy a poder, estoy sentado muchas horas y apenas me dejan levantarme o moverme —responde Jesús muy cabizbajo.

—Eso podemos intentar arreglarlo con la ayuda de una amiga mía. Es una maestra que trabaja en el colegio de Cartondia.

Seguro que ella sabe cómo ayudarte para concentrarte mejor en el colegio.

—Seguro que no, ninguno de mis maestros y maestras lo ha conseguido nunca —insiste serio.

—Ya lo veremos, ven, sígueme.

El hombre de cartón lo acompaña hasta la salida del campo de girasoles y allí encuentran la bici de cartón. Le indica que solo tiene que pedalear por el mismo camino, pero en dirección contraria. También le aconseja que no vaya tan deprisa, a ver si se va a pasar el centro y va a llegar a Cartería, otra zona.

Así que Jesús empieza a pedalear y pedalear y pedalear otra vez, y más y más rápido. Y mira a todas partes. ¡Qué bonito es este sitio! ¡Qué ganas tiene de llegar a donde está la maestra de cartón y aprender…!

Está en el camino hacia la casa de campo de su abuelo. Con su bici de siempre, el cielo azul, la tierra, los cultivos verdes, el sol arriba… Definitivamente ya no está en Cartondia. En uno de sus pensamientos tropieza con una piedra y Jesús se cae. Se hace mucho daño, se ha raspado la cara, las rodillas, seguro que le salen moratones por todo el cuerpo. Y encima tiene ganas de llorar, porque, sí, sabe que tiene que gritarse a sí mismo para concentrarse, pero aún no sabe cómo hacerlo bien en el colegio. Y eso le frustra mucho, muchísimo.

Llega a la casa de su abuelo Paco y allí le cuenta lo triste que está. Pasa un buen rato ayudando a su abuelo en el campo y contándole que no quiere ser así como es, que quiere ser un niño tranquilo y que los maestros, los compañeros y su familia estén contentos con él. Su abuelo le da un abrazo y le asegura que es un niño genial y que todos lo quieren mucho. Pero Jesús no está convencido, está muy triste y no puede pensar en positivo. Y menos con la bici rota y el cuerpo magullado. ¡Menudo día!

Su abuelo lo lleva a casa en el coche. Su madre cuando lo ve corre a ver qué le ha pasado y cuando se da cuenta de que está todo bien, comienza a regañarle.

—¡Es que no puedes ir por ahí corriendo con la bici! ¡Te lo he dicho mil veces! ¡Y no me haces ni caso! —le grita preocupada su madre.

—Pero, mujer, no le grites, que está pasándolo muy mal, el pobre —intenta suavizar su abuelo.

—¡Se acabó! No te subes ni una vez más en una bicicleta —impone su madre.

En ese momento, Jesús se va muy rápido. Está muy triste y enfadado. Tanto, que no escucha los gritos de su madre y las voces de su abuelo. Corre escaleras abajo y sin pensarlo demasiado entra en el cuartillo del portal y coge la primera bicicleta que ve. En ese momento no le importa de quien sea, solo quiere sentir la libertad.

Sale del portal, pedalea, no sabe dónde va, ni hacia dónde quiere ir, porque, claro, su abuelo está en casa. No hay sitio ninguno que pueda hacerlo sentir libre. Pero sí sabe el sitio donde no se siente. Así que de buenas a primeras y sin querer, toma rumbo hacia el colegio. Y sigue pedaleando. Es casi de noche, pero a él le da igual. Pedalea. No lleva luces, tiene 9 años, pero le da igual. Pedalea, pedalea y pedalea. Y de nuevo siente que los pedales vuelven a estar duros, mira hacia abajo. No pasa nada. Sigue pedaleando. Cuando mira otra vez hacia adelante está en Cartondia.

Ha aparecido en un sitio con edificios cilíndricos de cartón pintados de colores. También hay casas cuadradas y personas de cartón que lo miran alegres. ¿Qué les pasa? ¿Por qué le sonríen? Algunos empiezan a vitorearle.

—¡Bieeeen!

—¡Campeón!

—¡Ole tú! —le grita uno incluso.

Jesús no comprende por qué lo felicitan, pero se siente genial. Empieza a saludar y a fijarse en todos. En todos y en todo, claro. No puede dejar de mirar nada. Es entonces cuando se encuentra en frente del colegio de Cartondia. En la puerta del colegio hay una mujer de cartón sonriendo. Jesús se para y se baja de su bici. Se aproxima hasta ella.

—¡Felicidades, Jesús! Se ha corrido la voz en Cartondia de que eres el ciclista más rápido de todos los tiempos —le dice la mujer de cartón.

—¿Yo? —pregunta Jesús.

—¡Claro! ¿Tú eres el que ha ido en bici hasta Cartevilla, no?

—Sí, supongo.

—Pues, aquí, a todos nos complace decirte que has superado el récord.

—Pues gracias —indica Jesús un poco incrédulo, mirando a todas partes, como siempre.

—Me ha dicho un amigo que trabaja en el campo que necesitabas verme, ¿no es cierto? —dice la mujer de cartón.

—¡Ah! ¡Es verdad! Pero no estoy seguro de que puedas ayudarme.

—Bueno, lo cierto es que… —Mientras la mujer de cartón está hablando, Jesús se distrae otra vez y pierde el hilo de la conversación, a lo que la mujer grita—: ¡GIRASÚS!

En ese momento, Jesús se da la vuelta y la mira atento. La mujer de cartón lo coge de la mano y juntos entran en el colegio.

—Verás, aquí trabajamos todos juntos. Siempre nos relajamos antes de empezar una clase. Ponemos un poco de música y nos concentramos para empezar el reto del día.

—¿El reto del día? —pregunta Jesús.

—Todos los días proponemos un reto para ayudar a solucionar algo en nuestro pueblo y los niños mayores atienden y ayudan a los pequeños a aprender. El objetivo cada día es hacer que el reto sea cumplido por todos entre todos y, por supuesto, ayudar a hacer de Cartondia un lugar mejor. Nadie se queda atrás y todos avanzamos.

—Pero ¿qué pasa cuando los niños se desconcentran? —pregunta Jesús.

—Los niños no se suelen desconcentrar porque siempre hacemos tareas divertidas para llamar su atención, además trabajamos en equipos y todos debemos hacer que los demás trabajen y participen. Todos aprendemos de todos. Pero bueno, si alguna vez alguien se desconcentra, hacemos que se sienta parte del reto con mucha más fuerza y al final sí que termina prestando atención.

En ese momento, entran en una clase llena de rincones, con mesas, pizarras… En el momento que Jesús ve las mesas, se desanima. Sabe que eso que dice esa mujer de cartón no funcionará con él, porque él no sabe estarse quieto.

—Pero hay mesas —le indica Jesús.

—Sí, todos nos sentamos en algún momento, otros estamos de pie. Pero normalmente nos sentamos para trabajar mejor.

—¿Y cómo atiendes si no puedes parar de moverte y de mirar cosas?

—Aquí no hay colores para distraernos, solo los utilizamos para hacer trabajos artísticos, intentamos decorar la clase con colores muy neutros para no distraer a los niños. Y por supuesto…

—La mujer se acerca a una silla—. Tenemos esto.

La mujer de cartón le da la vuelta a la silla y le muestra a Jesús que tiene pedales. Jesús se sorprende mucho, es la primera vez que ve una silla con pedales.

—¡Pero esto qué es! —grita Jesús.

—Es una silla para niños que necesitan moverse más de lo habitual, ¿quieres probar?

Jesús se monta en la silla y se da cuenta de que no produce ningún sonido, es fácil de pedalear y además tiene en frente la mesa. Sabe que pedaleando se concentra mejor. Ha empezado a sonar una música muy tranquila en clase. Jesús se siente muy en paz.

—Bueno, Jesús, ya sabes de qué forma mejorar en la escuela.

—Pero en mi colegio no hay sillas como estas —protesta Jesús.

—Pues si no las hay, tendrás que imaginarte pedaleando, al fin y al cabo, tú ya sabes concentrarte gritándote a ti mismo, ¿no es así?

Mientras escucha atento lo que la mujer de cartón le dice, no se da cuenta de que sigue pedaleando y sigue y sigue. Pestañea y desaparece todo. Está en frente de su escuela. Ya es de noche. No se ve ni un alma en la calle. Jesús está mucho más tranquilo que cuando se fue, la música lo ha relajado y pedalear también. Así que se va de allí a toda prisa. Va hacia su casa.

Por el camino se encuentra con su madre y su abuelo Paco, que han ido tras él lo más rápido posible. Jesús, al verlos, frena y se baja de la bici. Tiene la certeza de que se va a distraer, así que va susurrando para sí "GIRASÚS", "GIRASÚS, CONCÉNTRATE". Está delante de su madre y de su abuelo.

—Mamá, lo sien… —Su madre lo interrumpe con un abrazo.

—Yo lo siento, Jesús, no quería que te fueras así, todo herido y triste —le dice su madre con tristeza.

—Mañana me portaré bien —le dice Jesús.

—Mañana será otro día —dice su abuelo.

Madre e hijo se abrazan y su abuelo los lleva a casa. Guardan la bici del vecino en el cuartillo.

**

Jesús ha llegado a la escuela. Ha ido andando. Está en su clase y entra la otra maestra. Se pone a su lado y se da cuenta de que tiene un collar en forma de girasol.

—¿Sabes qué, Jesús? He conseguido que nos traigan una cosa muy guay para ti —le indica, pero Jesús no le presta atención, está mirándole el collar.

—Eso es un girasol, ¿no, maestra?

—Sí que lo es.

—Yo soy como los girasoles, siempre tienen que mirar al sol para concentrarse.

—¡Oye, pues sí! A partir de ahora te llamaré Girasús.

—¿Ah, sí? —Jesús no cabe en su asombro.

—¿Vas a querer que te cuente eso?

—¿El qué?

—¡La cosa guay que he conseguido que traigan para ti!

—¿Qué cosa guay?

—Una silla con pedales para que te concentres mejor.

Jesús esboza una sonrisa de lo más amplia. ¿Cómo es posible que esta maestra sepa todo eso? Da igual, se le acaba de olvidar, ha visto cómo se le ha caído el estuche a Ainhoa, ha escuchado el ruido de la mesa de Marcos y ha visto una paloma en la ventana.

**

Jesús ya lleva un tiempo trabajando en clase con su silla de pedales, en casa le dan su tratamiento con regularidad y se siente más concentrado. La maestra del girasol le ayuda con actividades más claras y concisas. Ha mejorado mucho la actitud en clase. Sigue siendo tan espontáneo, tan alegre y tan él como siempre. Su madre está muy feliz, y su abuelo Paco le ha regalado una bicicleta nueva. Pero esta vez con casco, rodilleras y coderas incluidas.

Jimena

Jimena va a tercero de primaria. Convive cada día con sus compañeros y su maestra. Tiene tanta suerte que a veces se junta con dos maestras, y una de ellas para ella sola. Y es que Jimena se siente muy pero que muy afortunada.

Algunas veces esa sensación de alegría se desvanece porque algunos niños y niñas de su clase no quieren jugar con ella. Jimena no entiende nada de nada, ¡si el año pasado jugaban como siempre! En el recreo, ella se pega a la maestra, ha intentado jugar muchas veces con sus compañeros y compañeras, pero al final siempre acaba al lado de su maestra. Y observa cómo todos juegan con la pelota, a los juegos de palmas, a hacer bailes... ¿Por qué no puede ella hacer todo eso?

En casa todo está bien, bueno, con la diferencia de que Jimena está yendo últimamente al médico un poco más que de costumbre. ¡Mamá, pero si no me duele nada! Jimena observa a sus padres con incredulidad, para qué tanto médico si está estupendamente. Mamá y papá le han dicho a Jimena que en el cole le van a hacer una prueba. ¿Una prueba? Jimena piensa que no es justo que le hagan un examen a ella y a los demás compañeros no, y más teniendo una maestra casi todo el rato a su lado.

Sus padres y la maestra se han reunido con ella en el colegio, le han dicho que para poder ayudarla mejor le tienen que hacer una prueba muy sencillita y que va a venir un señor o una señora a hacer algunas actividades con ella. ¡Ah, claro! Ahora sí. ¡Qué suerte! Mientras los demás compañeros de clase están trabajando,

Jimena estará haciendo otras cosas más divertidas con otro maestro o maestra.

**

Jimena está en su clase, están aprendiendo las palabras colectivas. Está prestando atención, pero es que ¡hay que ver lo rápido que escribe la maestra! Con lo que le cuesta leer y escribir. ¡Oh!, ¿qué pone ahí? Jimena levanta la mano:

—Maestra, ¿qué es un enjambre? —Los niños se ríen, ¿por qué se ríen?

—Jimena, ¡si lo acabo de explicar ahora mismo! —le dice su maestra—. Son un conjunto de … —Jimena ha girado la cara a su papel y ha escrito como puede "conjunto de".

En clase han seguido explicando, ha visto muchas ovejas juntas al lado de enjambre y muchas abejas juntas al lado de rebaño. Pan comido, piensa Jimena. Cuando su maestra va a revisar los cuadernos observa un batiburrillo de cosas incorrectas.

—Jimena, pero ¿no te había dicho que enjambre son abejas y rebaño son ovejas?

—¿Qué es un rebaño?

Los niños se ríen de nuevo. Jimena sigue sin entender, y ahora encima no se siente bien, está bastante avergonzada, un poco triste. Si ella estaba prestando atención… Es solo que lee y escribe un poco más lento, eso es todo. Justo en ese momento llaman a la puerta y la segunda maestra aparece. ¡Ay, qué bien! Pero esta vez viene a por Jimena para llevársela a hacer la prueba de la que hablaron el otro día.

**

Se han ido a una clase vacía, están ella y una maestra muy simpática que viene con varios papeles. Le ha dicho que van a hacer algunos ejercicios juntas para ver cómo pueden ayudarla mejor en la escuela y en su vida en general. Jimena entiende que a veces en la escuela necesita un poco de ayuda, así que, si esas pruebas van a hacer que entienda las cosas mejor y, sobre todo, que jueguen con ella, pues no hay más que hablar.

Llevan un buen rato haciendo ejercicios: puzles, balanzas, juegos… No es un examen como ella pensaba, es mejor. La maestra simpática le hace preguntas y apunta cosas en su tablet. ¡Se siente como una famosa a la que están entrevistando! Y encima ha podido escapar de las palabras *coletivas*, o como se llamen, del rebaño de abejas y del enjambre de ovejas.

**

¡Por fin se sabe cómo pueden ayudar a Jimena! Sus padres han hablado hoy con su maestra y les ha dicho que lo que tiene es "Discapacidad Intelectual". Se han preocupado mucho porque no saben cómo pueden hacer ellos para ayudarla, pero seguro que con la ayuda de los maestros y especialistas podrán hacer muchos avances. Han dejado los papeles en el salón y se han puesto a hacer otras cosas en la casa.

Mientras tanto, Jimena se ha dado cuenta de que hay unos papeles en la mesa, los ha cogido y ha leído varias cosas que no entiende nada, pero nada de nada. Ha empezado a leer un papel que pone en letras muy grandes:

—DIS-… —En el momento en que Jimena empieza a leer, sin darse cuenta desaparece de su casa.

—…-CA-PA-CI-DAD —Y aparece de repente en un sitio muy pero que muy raro.

Sin embargo, no está asustada, al revés, está encantada. Nunca había visto una cosa igual. Está en frente de un edificio muy grande, rojo, con arcos rojos con ventanas, y tres puertas gigantes de color gris, todo hecho de cartón. Se acerca a tocar las paredes y le da la vuelta al edificio, parece como un teatro. Efectivamente, es de cartón. ¡Es imposible! Le da mucha curiosidad, así que intenta abrir la puerta. Está cerrada.

—Vaya, vaya, pues no se puede entrar —dice muy bajito Jimena.

—¿Cómo que no?

De pronto, una mujer de cartón aparece a su lado. Está sonriéndole y sujeta una llave en la mano.

—¡Ay! ¡Qué susto! —grita Jimena—. ¿Quién eres?

—Soy una cartondiana, ¿y tú?

—Yo, Jimena, ¿por qué eres de cartón?

—Porque en Cartondia todos somos de cartón: las personas, los animales, los edificios… Bueno, exceptuando algunas cosas como el agua —le explica.

—¿Car- qué?

—Cartondia.

—¿Qué es eso?

—El sitio donde estás.

—¿Y todo es de cartón aquí?

—Eso acabo de decir.

—¿Todo todo?

—Menos el agua y algunas otras cosas.

—Ah…

—Y bien, ¿no estabas intentando entrar?

—Sí, sí, es verdad. Pero está cerrada. ¿Tú sabes cómo se abre?

—Pues digamos que la puerta se puede abrir con una llave, como esta que tengo aquí.

En ese momento es cuando Jimena se da cuenta de que la mujer de cartón tiene una llave en la mano. Es de cartón y está pintada de rosa, es de tamaño mediano, le cabe en una mano.

—Toma, esta es tu llave para entrar donde quieras.

—¿Donde yo quiera?

—Donde tú quieras.

—Pues quiero entrar aquí —indica Jimena emocionada.

—Adelante.

Jimena sostiene su llave y la mete en la cerradura de cartón, da dos vueltas a la izquierda y se abre la puerta. Dentro se escucha bastante ruido.

—¿Qué suena? —pregunta Jimena.

—Son cartondianos haciendo diferentes actividades y pasatiempos —contesta la mujer de cartón.

—¿Y por qué lo hacen aquí dentro y no en la calle?

—Cuando es Cartonval, la gente sale a la calle disfrazada, pero ahora mismo no lo es. Hoy es que se celebra el concurso "Tú sí que eres capaz".

—¿Qué? ¿Un concurso?

—Claro, en Cartondia hacemos muchas celebraciones como esta. Consiste en demostrar a los demás lo bueno o buena que eres en algo. Puedes hacerlo tú misma o en grupo, con tu familia o tus amigos y amigas. Nos lo pasamos en grande. Podrías participar ya que estás aquí.

—Yo no soy buena en casi nada, les han dicho a mis padres que tengo *discapadi, dispacadi*… ¡Mira, no sé ni decirlo! Está escrita en las paredes de mi colegio, pero no sabía que yo tenía.

—¿Discapacidad?

—¡Eso! Creo…, no me acuerdo bien de la palabra. Como me cuesta tanto leer…

—Ummm… Sí, seguro que tienes discapacidad, sí.

—Hasta incluso tú lo piensas, no sé hacer nada, ni mis amigos me quieren, siempre me tienen que ayudar en todo… —dice con los ojos llenos de lágrimas.

Jimena tiene muchas ganas de llorar, se frustra, piensa que no vale lo suficiente y, por tanto, que no es capaz de hacer nada. Siente un gran vacío en su interior. Así que llora. Y un poco más fuerte. Empiezan a caerle lágrimas y empieza a ponérsele la nariz roja del llanto.

Entonces aparece de nuevo en casa. Está llorando mucho, tanto que su madre corre a ver qué sucede. La observa con el papel que pone "Discapacidad Intelectual" en la mano y no duda en quitárselo de inmediato.

—Jimena, ¿por qué coges esto?

—¡Mamá! ¡Tengo discapacidad! ¡Eso significa que no puedo hacer nada, ni puedo tener amigos, ni voy a sacar buenas notas! —dice entre llantos.

—Pero, cariño, no digas eso. Te vamos a ayudar.

—¡No voy a ser capaz! ¡Nunca, de nada!

Jimena corre hacia su habitación y sigue llorando hasta que se queda dormida.

**

Su madre la despierta para ir al colegio. Anoche se quedó dormida y ni siquiera cenó. Hoy mamá le ha preparado un desayuno riquísimo para el recreo: tres fresas, medio sándwich de pavo y un brik de leche. El desayuno de las campeonas.

Pasa toda la mañana trabajando con la maestra que viene siempre a la clase a estar con ella. La maestra nota a Jimena más seria de lo normal.

—¿Qué te pasa, Jimena? Hoy estás más dispersa que de costumbre.

—Que tengo discapacidad —indica Jimena muy seria—. No aprendo nada, ya lo sé.

A Jimena le cuesta expresarse un poco, pero su maestra entiende lo que quiere decir. En casa le han tenido que decir los resultados de las pruebas.

—Pero, Jimena, tener discapacidad no es malo. Si quieres luego te enseño…

—¡Sí lo es!

Suena la sirena. Es la hora del recreo. No quiere hablar con su maestra a pesar de que le encanta estar con ella. Jimena se va a un banco sola con su desayuno de campeona, como dice mamá. Se come una fresa y mira a los niños jugar a la pelota, da un bocado a su sándwich y observa a las niñas hacer bailes… No es capaz, se dice. No es capaz de hacer nada. Una lágrima le aparece en uno de sus ojos, cuando algo en la pared le llama la atención:

"TODOS SOMOS IGUALES, POR ESO TODOS TENE-MOS ~~DIS~~CAPACIDAD"

Jimena tarda un rato en leerlo… Se está bebiendo su brik de leche cuando empieza a leer:

—DIS-... —Jimena está ensimismada leyendo y no se da cuenta de que ha aparecido de nuevo en Cartondia

—…CA-PA-CI-DAD.

Ha dado el último sorbo a la leche y no se ha dado cuenta de que en sus manos no tiene nada. El brik se ha esfumado.

"¿Otra vez aquí?", piensa mientras se seca las lágrimas.

Está sentada en un banco junto al teatro de cartón. Parece ser que el concurso dura todavía. Hay mucho ruido aún. Se da cuenta de que es una plazoleta y que hay calles que salen de ella y que junto al teatro hay un hospital. ¡Bueno, por lo menos si se hace daño puede entrar ahí! Jimena no duda en levantarse del banco e intentar salir de allí. Le encantaría quedarse, pero está demasiado triste como para entrar al teatro y ver todo lo que son capaces de hacer los demás. Además, no tiene su llave.

—¡Qué alegría verte de nuevo! —exclama la mujer de cartón.

Jimena no dice nada. Está seria. Recuerda que la mujer de cartón le dijo que seguro que tenía discapacidad. Puede estar en lo cierto, pero aun así no le gusta que se lo digan.

—¿Qué tal Jimena? —le pregunta sonriendo.

—Aquí —contesta muy seria.

—Has aparecido de nuevo en el teatro, ¿te animas a apuntarte o no?

—No, no sé hacer nada. Y tampoco sé cómo salir de aquí.

—Bueno, quizás mientras llega el momento de irte podemos ir a la isla de Cártiz, que está cerca de aquí.

—¿Pero cómo vamos a ir a una isla?

—Pues cogeremos un barquito.

Para ir hasta la isla, Jimena y la mujer se dirigen al puerto y cogen un barquito. El barquito lo lleva un marinero de cartón. Es muy bonito, pero no demasiado grande. Para llegar hasta la isla pasan por un puente y observan el mar, la ciudad alejarse… El agua es cristalina, se pueden ver los peces de cartón debajo del agua, son de colores, como si alguien los hubiera pintado. Cuando llegan a la isla, Jimena se da cuenta de que la arena es de cartón exceptuando una zona donde parece que hay… ¿Barro? Da igual, es un lugar precioso para relajarse.

—Podemos sentarnos en esta parte seca de la isla… O, si quieres, irnos a la zona del cartón mojado. A veces vengo aquí y juego con él.

—¿Y qué haces, tirarlo al agua? —dice Jimena un poco irritable.

—No, qué va. Hago figuras de cartón, como si fuera barro. Luego las dejo secar al sol, pero la verdad es que se me da fatal. Tengo discapacidad en hacer figuras de cartón mojado.

—¿Qué tienes qué?

—Discapacidad.

Jimena abre los ojos con energía. ¿Cómo va a tener discapacidad una mujer de cartón? ¡Si no le han hecho pruebas siquiera!

—Pero tú no tienes discapacidad, es que no se te da bien.

—Vale, pues soy capaz de hacer figuras de cartón, pero de una forma diferente. Eso es la discapacidad. La verdad es que soy capaz de hacer otras cosas mejor que esto, pero, aun así, lo hago, aunque me cueste. Me gusta superarme día tras día.

—¿Y no es mejor que hagas cosas en las que seas mejor?

—Es que no se trata de ser ni mejor ni peor, se trata de intentar mejorar en lo que podamos. A mí me cuesta más hacer figuras —dice mientras coge un poco de cartón mojado— y por eso me esfuerzo más, utilizo más herramientas, más agua o más cartón, pero no dejo de hacerlo porque me sienta menos capaz.

Sin darse cuenta, Jimena ha empezado a sonreír.

—¡Estás sonriendo! —se alegra la mujer de cartón.

—Es que yo creía que tener discapacidad era algo malo, era estar enferma.

—¿Cómo va a ser malo tener discapacidad? Entonces todos estaríamos enfermos. Lo bonito de la gente que nos rodea es la diversidad de personas que hay. ¡Qué cosas tienes, Jimena! Ven y haz una figura conmigo, anda.

Llevan bastante tiempo jugando con el cartón mojado en la isla y se han dado cuenta de que Jimena ha hecho varias figuras de lo más auténticas. También han aprovechado para cubrirse la piel de cartón mojado y jugar y reír.

—¡Pero bueno, Jimena! ¡Si se te da genial! Deberías apuntarte al concurso.

—He sido capaz de hacerlas yo sola.

—No has sido capaz. ¡ERES CAPAZ!

—¿Y por qué entonces en el papel pone que tengo discapacidad?

—Pues porque aún no se han dado cuenta de que la palabra correcta es "diversidad".

—Ahhh, claro. Yo lo que tengo es diversidad.

—Todos tenemos diversidad, todos necesitamos mejorar en cosas, a todos nos cuestan algunas cosas y nos van a costar siempre. Hay que aprender a vivir con ello.

—No sé si te entiendo…

—Mira en tu bolsillo.

—¿En mi bolsillo?

—Sí.

Jimena se mete la mano en el bolsillo y se percata de que hay algo en él. Parece de cartón. Lo saca y ¡es su llave!

—¿Qué pone en la llave, Jimena?

—DI-VER-SI-DAD.

—Pues, eso mismo, la diversidad es la llave para abrir cualquier puerta, con ella entrarás en todas partes, pero nunca dejarás de ser tú. ¿Lo entiendes?

—Creo que sí —dice mientras sonríe.

—¿Entonces? ¿Vas a presentarte al concurso?

—Mmmm —piensa Jimena—. ¡Vale!

La mujer de cartón y Jimena salen de la isla en el mismo barco. Se dirigen al teatro con la figura de cartón que acaba de realizar Jimena. Es una auténtica obra de arte. Jimena abre las puertas del teatro con su llave. Se adentra y puede observar un teatro precioso: un patio de butacas rojas con tres plantas de palcos y arriba del todo una zona a la que llaman gallinero. El teatro está decorado con figuras gigantes de cartón pintado y hay papelillos de colores por el suelo.

—¡Sí que lo pasan en grande aquí!

—Shhh, Jimena, la gente está atenta al espectáculo.

En el escenario hay varios cartondianos haciendo una especie de coreografía. Las personas de cartón que son espectadores tienen una especie de tablet de cartón.

—¿Qué tienen en la mano las personas? —pregunta Jimena con mucha curiosidad.

—Tienen una tablet para votar aquello que más les gusta.

—¡Qué divertido!

—Ven, te enseñaré dónde te puedes apuntar.

La mujer de cartón habla con un hombre de cartón que hay entre bambalinas. Apunta su nombre y la capacidad de Jimena en el papel que tiene en la mano. Sale detrás del monologuista. Para ello debe esperar un poco a que terminen los que están antes.

Mientras tanto se prepara: le dan una mesa con barro y agua para practicar. Los cartondianos participantes alucinan con el trabajo de Jimena.

El monologuista está haciendo reír mucho al público. Jimena se pone nerviosa, por un segundo, duda de su capacidad y recuerda que tiene discapacidad.

—Borra cualquier pensamiento negativo hacia ti, Jimena —le dice la mujer de cartón—. Yo creo en ti, todos creemos en ti. Solo falta que creas tú misma.

Jimena sale al escenario. Se oyen aplausos y empieza a sonar una música preciosa a piano. Jimena empieza a mojar el cartón con agua. Observa la figura de cartón gigante que hay de decorado en el teatro. Empieza a moldear con sus dedos y hace una bonita réplica de la figura en miniatura. Al público se le escucha un "ohh" de asombro. Golpea con un puño la figura, empieza a hacer el rostro de uno de los cartondianos de primera fila, idéntico. Luego cambia las facciones de su cara, lo hace triste, lo hace alegre, lo hace enfadarse… Y todos alucinan con la capacidad de Jimena para plasmar las emociones de una persona que no conoce. De la boca del cartondiano enfadado empieza a moldear notas musicales que salen y parece que vuelan, ahora parece que está silbando. Cuando acaba, el público se levanta al grito de "¡tú sí que eres capaz!". Ahora entiende lo que significa diversidad, no es que ella sea diferente, es que todos tenemos diversidad. Jimena saluda al público con las manos manchadas de cartón mojado y la sonrisa más grande del mundo.

Ha aparecido de nuevo en el patio del colegio. Tiene su brik de leche acabado. Le queda una fresa por comer y todo el sándwich restante. Se come la fresa a toda prisa y sale con el sándwich corriendo hacia su maestra.

—¡Maestra! ¡Maestra! —grita Jimena con el último bocado en la boca.

—¡Pero bueno, chica, termina de masticar y me cuentas! —Se ríe la maestra.

—Creo que deberíamos cambiar la palabra DISCAPACIDAD del cartel por DIVERSIDAD.

La maestra se queda perpleja mirando la pared y luego a Jimena como si un rayo de sol hubiese aparecido de repente. Lleva toda la razón.

**

Jimena ya está más tranquila. Le han dicho que la discapacidad no es una enfermedad porque no hay que tomar jarabe, ni tampoco se ve en el cuerpo, por eso no sabe dónde lo tiene. Le han explicado que es parte de ella y que la va a acompañar siempre, como su amiga Luisa, que tiene el pelo rubio, o su amigo Jose, que tiene un lunar muy grande en el brazo. Simplemente hay que buscar la manera de hacer que entienda mejor las cosas que se dan en el colegio para que ella consiga aprender lo máximo posible.

—Y, sobre todo, hemos hablado con tus compañeros y compañeras. Ya saben y entienden lo que es la discapacidad. No te preocupes, que todos estarán encantados de pasar tiempo contigo ahora.

—Maestra, se dice diversidad, algún día serás capaz de recordarlo.

Alejandro

Alejandro se prepara para salir de casa. Es muy meticuloso con sus cosas. Se ha vestido con mucho cuidado, se ha peinado sin dejarse un pelo suelto y ha preparado su mochila. Bueno, varias veces, no quiere dejarse nada. La comprueba varias veces antes de salir. No puede dejarse uno de sus objetos de la suerte: un tren.

Y es que Alejandro, aparte de que es un poco supersticioso, le encantan, no, le apasionan los trenes. Su habitación está llena de ellos: miniaturas de colección en las estanterías, decenas de libros sobre trenes, una lámpara en forma de tren, y por supuesto, juguetes eléctricos, de madera, de plástico... Le fascina. Siempre pide trenes por su cumpleaños, y nunca desiste en aprender algo nuevo. A menudo le pide a su padre que lo lleve a ver el tren. Se siente muy afortunado. Su padre trabaja en Renfe. Y puede viajar siempre que quiera. Aunque el lugar es lo de menos. A él lo que le gusta es montarse y verlo y tocarlo. Siente fascinación desde que su padre lo llevó una vez al trabajo, y desde entonces no ha pensado en otra cosa que en trenes, trenes y más trenes.

Lleva una pulsera con un tren dibujado y el número de teléfono de su madre. La verdad es que como se encuentre algo sobre trenes sale corriendo y deja atrás a su madre, a su padre, a su abuela, a su maestra y a todo el que pille cerca. Ya se ha escapado alguna que otra vez, por eso es bueno tener el teléfono de mamá siempre a mano.

Le encanta. Lo que no le gusta es el ruido que hace. Bueno, en realidad no le gusta ningún sonido fuerte: los pitidos, los gritos, bocinas, sirenas, llamadas telefónicas… ¡Uf! Qué mal lo pasan sus oídos. No lo soporta. Cuando ya no puede más, se echa las manos a la cabeza y se tapa los oídos muy fuerte. A ver si así pudiera aislarse del sonido. Rara vez lo consigue, es que la calle es muy ruidosa.

La calle y todo lo demás. En su casa detesta escuchar la tele más alta, un grito de su madre o su padre. En el centro comercial… La gente habla muy fuerte. Él se resiste, pero es que es muy difícil. Y, además, las luces que hay, los colores tan vivos, las tiendas, los olores de restaurantes de comida rápida, bueno, y los de comida normal, que también huelen. Son muchos estímulos para Alejandro. Él prefiere estar en casa arropadito por sus trenes, su mantita y su buena temperatura.

Y tanto que lo prefiere, más que otra cosa. Mucho más que la escuela. Porque esa es otra, la escuela es uno de los lugares donde más cómodo y a la vez incómodo se siente. Allí se hablan temas muy interesantes, pero hay otros muchos que son bastante aburridos. En su clase le han puesto pictogramas en la mesa y en las paredes, así él entiende mucho mejor lo que se espera de él. Le encantan las rutinas, no puede saltarse ni una sola. Además, que al final de semana, si ha hecho todo correctamente, le dan una pegatina de un tren. Es que no puede dejar pasar la oportunidad.

En cuanto a los amigos… Sí, tiene alguno que otro. Pero con quien más disfruta es con su amigo Manuel. Resulta que su familia es feriante y son dueños de nada más y nada menos que del tren de la bruja. Así que pasa mucho tiempo hablando con él sobre el mecanismo del tren. Un día hasta le dejó subir gratis a la atracción. Alejandro es afortunado, pero Manuel también, porque tener a Alejandro de amigo es tener la fidelidad y amistad sincera de por vida.

¿Y los demás niños? Bueno, no son malos con Alejandro, pero no suelen hablar más de lo normal con él. Algunos piensan que es bastante raro, incluso piensan que se comporta "como un bebé", como dicen ellos. Pero a él le da igual, mientras que no cambien las cosas en su vida, todo va bien.

—A ver, chicos, ¿habéis escrito la biografía? —dice el maestro. Les ha mandado escribir una biografía sobre una mujer famosa que a ellos les interese para trabajar la descripción en clase.

—¡Sííí! —responde la clase.

—Muy bien, vamos a salir todos aquí, y lo vamos a leer en alto, ¿vale? —indica el maestro.

Alejandro está nervioso porque su escritura no es muy buena, pero la maestra que viene a clase algunas veces lo ayuda siempre. Hoy todavía no ha llegado y se siente inseguro sin ella. Como tenga que salir y no esté, se pondrá de los nervios.

Salen algunos niños de su clase: Gonzalo ha escrito sobre Marie Curie, Marta sobre Mireia Belmonte, Jesús sobre Alfonsina Strada, Vega sobre Aretha Franklin, Jimena sobre Frida Kahlo, Manuel sobre Shakira… y Alejandro sobre Mary Walton.

No está muy convencido, él quería hablar sobre trenes, pero había estado buscando por internet con la maestra que lo ayuda y al final dieron con Mary Walton, que se preocupó del humo y del ruido que emitían los trenes y otros mecanismos. Eso no le convenció del todo, porque claro, no era la inventora directa del tren, pero bueno, por lo menos se preocupó del ruido, y está claro que Alejandro detesta el ruido.

Llega el momento de Alejandro. Debe salir a leer su descripción. Había trabajado mucho con la maestra sobre ello. Pero estaba nervioso. La maestra no venía y ella tenía que estar allí, forma parte de la rutina. No puede escapar de allí. Tiene que leer. Y empieza:

—Mary Walton… ee-s una in-ge-ni… —Se está poniendo nervioso por momentos. No entiende su letra, no se le da bien leer… Así que se lo inventa.

—Ingeniera —dice un niño de la mesa de en frente.

—Es una ingeniera que inventó el tren y además el tren tiene un mecanismo muy… —empieza a hablar sobre trenes de carrerilla.

Claro, Alejandro sabe muchísimo de trenes, se lo sabe de memoria. Ha leído con su padre todo acerca sobre Renfe, con su madre los libros de su cuarto y ha visto muchísimos vídeos de trenes. Es que es un experto.

Los niños se ríen. ¿Por qué se ríen?

—¡Otra vez trenes! —dicen los niños.

—Alejandro —le dice el maestro. Pero Alejandro sigue hablando como si no lo escuchara—. Alejandro, pero es una descripción de una persona, no sobre trenes.

—¡Alejandro, sigue hablando de los trenes, que nos interesa mucho! —dicen los niños bromeando.

Alejandro escucha que los niños le dicen que les interesa mucho que hable de ello. Así que sigue. Pero el maestro lo para.

—Alejandro, para, un momento.

—¿Qué pasa, maestro? Si están diciendo que les interesa.

Alejandro no entiende el doble sentido, ni las bromas. Por eso los niños no suelen hablar con él, ni él con los niños. No sabe lo que es la ironía. Él es muy sincero y lo que piensa, lo dice. ¿Por qué burlarse de alguien con una mentira? ¿Qué sentido tiene?

Ha llegado a casa bastante triste. Su exposición ha sido una maravilla. No ha leído nada, pero se lo sabía todo. Todo lo que él quería contar. El maestro le ha dicho que tiene que repetirlo, los niños se han burlado de él… Y encima no ha venido la maestra cuando hoy le tocaba venir. Lo que desea es estar en su cuarto con sus trenes.

Coge su tren eléctrico, dispuesto a olvidar todo lo que no tenga que ver con trenes, y comienza a jugar. Se mete en su mundo.

—¡Chu! ¡Chúúúúúúúúúú! —dice Alejandro.

¡CHÚ CHÚÚÚÚÚÚ! ¿Qué ha sido eso? Alejandro ha escuchado el sonido del tren en movimiento. Pero si por aquí no pasan trenes. Mira por la ventana y nada, el mismo paisaje de siempre. Pero cuando se da la vuelta se da cuenta de que está en un tren. Pero no es un tren normal. Es de cartón.

—Chiquillo, ¿tienes tu billete? —le dice una voz detrás de él.

Alejandro se da la vuelta y para su asombro está delante de un hombre de cartón. Se queda mudo. No puede articular palabra.

—Oye, ¿tienes tu billete? —El hombre de cartón le señala un pictograma que hay en la pared del tren que indica un billete de tren.

—¿Qué? ¿Qué billete? —dice Alejandro un poco desconcertado.

—Mírate el bolsillo, anda —le dice con paciencia el hombre de cartón.

Alejandro mete la mano en su bolsillo y no se lo cree. Hay un papel. Lo saca y observa que es un papel marrón, como de papel reciclado, tiene grumos y algunos colores propios del papel reciclado.

—¿Esto?

—¡Estupendo! —El hombre de cartón coge el billete y lo señala con un rotulador—. Ya puedes pasar.

Alejandro pasa dentro del tren. Él ya sabe cómo son por dentro porque ha estado montado con su papá. Pero este es de lo más especial. ¡Alucinante! Observa los asientos, todos de cartón, algunos tienen mesa para compartir entre cuatro personas, las paredes son de cartón y las ventanas… de plástico. Pero reciclado. Lo sabe porque ha visto un pictograma que lo ponía en las paredes. Le es muy fácil orientarse gracias a los pictogramas. Sabe que la máquina expendedora está ahí también. Pero ¡qué gracioso! Todo es de cartón: zumos, fruta, sándwiches, galletas… Todo le llama la atención.

Pronto tiene una necesidad desorbitada de recorrer el tren entero, va observando los detalles del tren por dentro, quiere ver más y más y más. Aun estando el tren en movimiento. En el vagón donde entra hay una mujer sentada mirando por la ventana.

—¡Hola! —le dice la mujer.

—Hola —contesta serio Alejandro. La verdad es que no le gusta mucho hablar con desconocidos. Pero como esta mujer va en el tren seguro que tiene cosas interesantes de las que hablar.

—¿Quieres sentarte aquí conmigo? —le propone.

—Vale, ¿te gustan los trenes? —pregunta muy efusivo.

—Sí, claro, es un buen modo de viajar —responde la mujer de cartón.

—Sí que lo es —dice Alejandro muy contento de estar de acuerdo.

—Este tren va hacia Cartería, ¿tú paras allí?

—No, no, yo me quedo en el tren, que me gusta más.

—Pero no puedes quedarte, solo tienes un billete.

—Pues cogeré otro y volveré a montarme.

—Los trenes no salen inmediatamente uno tras otro a veces.

—Pues esperaré en la estación.

—Bueno, yo tengo que hacer algunas cosas en Cartería, si quieres, puedes venir conmigo y después volvemos a coger el tren, ¿te parece?

—Bueno… —No está muy convencido, pero ¿qué otra cosa puede hacer? Al fin y al cabo, está solo en ese sitio—. Vale.

El tren llega a la estación de Cartería. Se puede observar que en todas las paredes hay pictogramas y Alejandro se siente bastante cómodo. La mujer de cartón lo anima a ir con ella a sus quehaceres. Entonces se dirigen a una especie de estatua, un monumento, una escultura, no se sabe bien qué es, está un poco desgastado, con algunos agujeros. Pero la mujer de cartón saca tiritas y se dispone a arreglarlo.

—¿Me ayudas? —le pregunta—. Creo que tendré que traer más material y poner una polea para terminar de arreglarlo.

—¿Qué es?

—Es el Cartondalo, un símbolo de Cartería. Representa la historia que hay en Cartondia. Aquí hay muchos restos arqueológicos.

—¿Qué son restos arqueológicos?

—Son restos de otros seres vivos que estuvieron en Cartondia hace mucho tiempo.

—¿Qué es Cartondia?

—El sitio donde estás. Cartería solo es una parte de Cartondia.

—Ahh… ¿y cuándo nos vamos al tren?

—En cuanto acabemos de arreglarlo.

Alejandro y la mujer de cartón arreglan el monumento y se dirigen al tren. De camino ven un cartel con pictogramas que indican música, teatro, dinero…

—¿Qué significa eso?

—Significa que hay gente en Cartería que se dedica a trabajar en cosas relacionadas con la música, como un cantante; con el teatro, como una actriz; o con el dinero, como una economista.

—¿Y el tren?

—Ya hemos llegado.

La mujer de cartón coge dos billetes: uno para ella y otro para Alejandro. Se montan en el tren de nuevo y Alejandro ya se siente un poco más tranquilo. El tren está en movimiento.

—Ahora vamos a Cartevilla, desde allí salen todos los caminos —le explica la mujer de cartón.

—¿No nos quedamos? —pregunta con angustia Alejandro.

—No, cariño, tenemos que bajar en todas las paradas hasta que llegues a la tuya.

—¿Y cuál es la mía?

—Cuando llegues lo sabrás.

Paran en Cartevilla. Por la ventana han visto campos de girasoles y ahora están en un sitio con bastante gente y bastante ruido. Hay bolas de papel por el cielo, casas abiertas de cartón y papel, la gente está cantando y lleva trajes con lunares, suenan guitarras y hay caballos que llevan carros con ruedas. ¡Qué horror! ¡Cuánto ruido!

—No me gusta este sitio, quiero volver.

—No podemos volver, tenemos que asegurarnos de que los caballos están en perfectas condiciones. —Inspecciona el recinto hablando con los cartondianos que llevan caballos.

—¿Y si no lo están?

—Tendré que multarlos y asegurarme de que los llevan a sus hogares como es debido.

—Hay mucho ruido. —Alejandro se pone las manos en los oídos.

—Toma, esto te servirá. —Saca de su bolsillo una especie de auriculares y se los da—. Te aíslan del ruido excesivo, pero podrás escucharme si te hablo.

—Menos mal.

Cuando terminan de hacer la ruta, se sientan a descansar en una casa de cartón. Carseta, la llaman. Allí comen gambas y jamón de Cartuelva. Algunos cartondianos se sientan con ellos y ríen y bailan. Alejandro no entiende las bromas que hacen, pero es agradable estar en un sitio con sus auriculares. Y la comida le gusta bastante, al principio es de cartón, pero cuando se la come se transforma en comida de verdad. Casi se ha olvidado del…

—El tren, quiero volver. —Alejandro recuerda el tren.

—Ay, sí —le dice—. Estaba terminando de hablar con un cartondiano, Cartevilla es muy importante porque aquí se hacen muchas reuniones y hay mucho trabajo. Tengo que comprobar que los monumentos están en buenas condiciones.

—¿Qué monumentos? —pregunta Alejandro.

—Pues: la Cariralda, la Cartedral, la Torre del Cartoro, los barrios de Santa Cartruz, Cartriana, la Cartrarena, también el río Cartualquivir…

—Vale, vale —le corta Alejandro. No quiere seguir escuchando, prefiere irse lo antes posible de allí y llegar a su tren.

Cuando se van, Alejandro se despide con la mano, observa que en la estación de tren hay pictogramas que muestran: música, papeles, turismo, río. Vaya, tiene que ser un lugar muy visitado. A Alejandro le llama la atención. Pero quiere meterse pronto en el tren.

—Tardaremos poco en llegar a Cartuelva —dice la mujer de Cartón.

—¿Cómo? ¿Otro sitio? —dice Alejandro.

—Sí, ya verás como te gusta, vamos a visitar el puerto.

Como ha prometido la mujer de cartón, salen del tren y ven un cartel con pictogramas de música, historia, mar… Le empieza a parecer interesante. Se dirigen al puerto, donde están los barcos.

—En este lugar hay muchos marineros, ¿sabes, Alejandro? —le dice la mujer de cartón—. Son realmente expertos en la pesca y la navegación. Se dedican a pescar el marisco y el pescado para toda Cartondia.

—¿Solo se pesca aquí? —pregunta Alejandro.

—¡No, qué va! En todos los lugares que baña el mar, pero he venido aquí hoy por un asunto importante con los barcos del puerto.

Se acercan al muelle y Alejandro se queda boquiabierto cuando observa tres grandes barcos. La mujer de cartón sonríe al verlo tan sorprendido.

—Son réplicas de tres barcos antiguos que fueron muy importantes para Cartondia. ¿Quieres verlos por dentro?

—¡Sí! —dice entusiasmado.

En el interior de las tres carabelas se pueden observar pictogramas que indican que forman parte de un museo y que fueron destinados para descubrir un nuevo mundo. También encuentran el timón del barco y el mecanismo para levar el ancla. Alejandro se queda fascinado al ver el funcionamiento del barco y cómo era posible todo aquello en la antigüedad de Cartondia. La mujer de cartón habla mientras tanto con una guía turística acerca de los precios del museo. Todo en orden. Alejandro empieza a prestar atención a cómo trabaja la mujer de cartón y se empieza a dar cuenta de la importancia de que alguien esté al tanto de que todo vaya como debe ir.

—Los cartondianos adoran visitar museos, pero mantenerlos cuesta dinero, por eso, es necesario cobrar entrada. Hay mucha gente que se dedica a mantener obras y réplicas y eso debe pagarse, como ocurre con el museo Cartasso de Cártaga.

—¿Qué es Cártaga? —pregunta Alejandro.

—Otra zona, ya la verás.

Se dirigen ahora a unos pescadores y pescadoras que están a punto de embarcar. La mujer de cartón los conoce a todos y se saludan. Ella se dedica además a recordarles que tienen que ser responsables con la pesca.

—En Cartondia solo pescamos lo necesario. Tenemos que cuidar de todos los seres vivos —indica la mujer de cartón.

—Claro, me gusta mucho Cartuelva —comenta Alejandro haciendo un poco de caso omiso a la explicación anterior.

Está contento de estar allí, pero ya tienen que irse. La mujer de cartón le recuerda que aún le quedan algunas zonas que visitar en Cartondia. Así que se dirigen de nuevo al tren y esta vez Alejandro, en vez de preguntar cosas acerca del tren, dice:

—¿Ahora a dónde vamos?

—Nos dirigimos a Cártoba. Tengo dos asuntos importantes que atender: uno es sobre el mantenimiento de los monumentos históricos.

—¿Y el otro?

—Ese asunto lo veremos nada más llegar.

Desde la estación de Cartuelva hasta Cártoba han pasado por Cartevilla. Llegan con un hambre atroz. Alejandro siente que le rugen las tripas.

—Tengo hambre, tenía que haber comido algo en el tren.

—No te preocupes, el segundo asunto tiene que ver con comida.

Se han sentado en un bar de cartón. Los atiende una chica de cartón con una bandeja también de cartón y les sirve: un cuenco con salmorejo, un plato con rabo de toro y un poco de pan con aceite. Toda la comida era de cartón, exceptuando el aceite, que era un líquido dorado. Alejandro y la mujer de cartón se ponen las botas.

—¡Cómo me gusta el aceite con pan!

—Pues, Alejandro, tú tienes que pagar la comida —dice la mujer de cartón bromeando.

—Yo no tengo dinero —contesta Alejandro.

—¡Ah! Pues si no tienes, tendrás que fregar —dice la mujer de cartón sonriendo a modo de burla simpática.

—¿Tengo que fregar los platos de cartón?

—¡Ja, ja, ja, ja! No, cariño, es una broma —ríe la mujer de cartón.

—No entiendo las bromas —dice muy serio Alejandro—. Además, si dices que tengo que fregar, ¿qué sentido tiene que no sea verdad?

—Alejandro, cuando las personas bromean suelen sonreír, sé que tú no entiendes esas bromas, pero el truco para que te des cuenta cuando lo hacen es fijarte muy bien en si están sonriendo o no.

—¿Siempre que sonríen están bromeando?

—No, para nada, pero muchas veces sí, entonces si necesitas hacerlo, pregunta si es una broma o no. Así, si sabes que es una broma, podrás saber que no habla en serio.

—La próxima vez, lo practicaré —le dice Alejandro muy atento—. Pero entonces yo no pago, ¿verdad?

La mujer de cartón se ríe a carcajadas, paga al bar de cartón lo que han comido y se dirigen al lugar donde la mujer de cartón tiene que trabajar. Tiene que asegurarse de que todos los monumentos históricos estén bien y arreglarlos si no lo están. Observan un edificio enorme: la Carezquita. Y más allá otro: el Carcázar. La mujer de cartón se da cuenta de que están en perfectas condiciones y se dirige al barrio de los Cardíos.

—Alejandro, ¿sabes dónde estamos?

—No lo sé, ¿Cártoba?

—Sí, sí, pero este es el barrio de los Cardíos, ¿sabes lo que significa?

—No —contesta él.

—En Cartondia hay muchas personas, normalmente todos nos llevamos bien porque nos respetamos. Pero no siempre ha sido así.

—¿Por qué?

—Bueno, digamos que hay cartondianos que creen y les gusta unas cosas y otros creen y les gusta otras. Y a raíz de ello, a veces ha habido desacuerdos y no ha habido respeto entre ellos.

—En mi clase a nadie le gustan los trenes, pero a mí sí. Y a veces me dicen que soy pesado hablando de trenes —reflexiona Alejandro.

—Pues, más o menos, es como tú dices —le explica—. En Cartondia conviven cartólicos y cartamanes. Hace años también había cardíos, ya no, o muy pocos. Los tres tienen creencias similares y diferentes, y han convivido muchos años juntos. A veces se han peleado, pero lo importante es que hoy en día todos nos respetamos creamos en lo que creamos.

—¿Y por qué son tan importantes esos cardíos si ya no están en Cartondia?

—Porque han dejado un legado cultural. Hoy en día todo lo que somos es una mezcla de todos los cartondianos que vivieron aquí. Por eso, aunque no estemos de acuerdo con las creencias de unos o de otros, hay que respetarnos, porque todos dejamos parte de nosotros aquí.

—¿Y por qué estamos aquí, entonces?

—Pues verás, la Carezquita la construyeron los cartamanes; el Cartázar, los cartólicos; y este barrio, los cardíos. Mira el suelo —dice la mujer de cartón señalando una placa redonda con símbolos—. Es un símbolo cardío y está un poco roto.

—¿Podemos arreglarlo?

—Sí, dame ese trozo de cartón piedra que hay allí y haremos una palanca para sacarlo.

Hacen palanca juntos y consiguen quitar la placa. La sustituyen por una en mejor estado.

—¡Estupendo! —dice la mujer de cartón—. Gracias por ayudarme, Alejandro, hacemos un buen equipo.

—Yo creo que sí —se queda muy pensativo.

—¿Qué pasa, Alejandro? —pregunta la mujer de cartón.

—Creo que si hubiesen comido pan con aceite juntos cartamanes, cartólicos y cardíos no habrían discutido jamás.

—Completamente de acuerdo contigo.

**

El tren va ahora dirección a Cartén, pilla de camino desde Cártoba. Ha visto en la estación que hay pictogramas de música, gastronomía y cultura. Alejandro no tiene mucha curiosidad por Cartén.

—¿Qué te pasa? Estás muy serio.

—¿No puedo quedarme en el tren esta vez en vez de visitar Cartén?

—Alejandro, pero ¿tú sabes qué vamos a visitar?

—No lo sé.

—Pues tenemos que ver los olivos, a ver si están siendo cuidados con cariño y después iremos a la fábrica de aceite.

—¿Cómo? —dice Alejandro con los ojos abiertos analizando la situación—. ¿Es una broma?

—¡No! Ja, ja, ja, ja, ¡es la pura verdad! Esta vez sonrío porque sé que te va a encantar.

—¡Genial!

Alejandro adora el tren, pero está disfrutando de su viaje por Cartondia. Poco a poco se da cuenta de todas las cosas que se pueden hacer en las que no intervienen trenes. Los olivos le fascinan, observa cómo una aceituna de cartón se hace aceite en la fábrica y se queda ensimismado fijándose en los engranajes de las máquinas. También en cómo los trabajadores y trabajadoras transportan las aceitunas de cartón en una carretilla y las echan en los bidones de cartón. Es un placer para su vista. Aunque no para sus oídos. Menos mal que lleva sus auriculares.

Cuando vuelven al tren, sigue dándole vueltas a lo que la mujer de cartón le dice sobre las bromas. Sí, es muy fácil decir que te fijes en las sonrisas de los demás, pero sigue sin verle sentido. Por suerte se dirigen a Cártiz, una zona donde la gente se disfraza y canta canciones para hacer bromas y críticas.

—¿Que cantan canciones de broma?

—Se llaman coplas de Cartonval, Alejandro —le explica la mujer de cartón—, los cartondianos tienen una forma muy divertida de reírse de lo que ocurre en su día a día, pero también de criticar las cosas que se hacen mal: a través de la ironía.

—¿Qué es la ironía? —pregunta Alejandro.

—Es lo que te dije antes, a veces decimos una cosa y en realidad nos referimos a otra, lo entendemos por el lenguaje no verbal.

—Yo no entiendo nada.

—Y no pasa nada, hay personas que no entienden el lenguaje no verbal e interpretan como una verdad todo lo que se dice.

—¿Qué sentido tiene? —repite Alejandro.

—El motivo es intentar hacer que el entorno sea un poco mejor. Se usa la ironía como forma de expresar desacuerdo.

—¿Y cómo puedo entenderlo?

—Preguntando, obviamente. En Cartondia sabemos que hay personas que no entienden la ironía, por eso en cada letra de Cartonval hay pictogramas y una breve descripción.

—Pues menos mal.

—¿Te gustaría escuchar alguna cartirigota, carparsa, carteto o cartoro?

—Es que…

—Sí, lo sé, odias el ruido. No te preocupes, ponte tus auriculares, te conseguiré los cartibretos de las coplas.

La mujer de cartón no ha tardado mucho en solucionar el problema con las bebidas durante el Cartonval de Cártiz, tenía que hacer que la gente pudiera disfrutar tranquila sin que la ironía fuera demasiado intensa como para molestar a otros cartondianos.

Consiguen volver a la estación y observan los pictogramas de cultura, mar y música entre otros muchos. Alejandro se ha empapado de las letras y pictogramas de las coplas que ha ido leyendo en el tren. Pero ahora se dirigen a Cártaga. Allí, la mujer de cartón tiene que comprobar que las obras del Museo Carcasso están bien mantenidas, pero también tiene que visitar el faro y las playas.

—Vamos a visitar las playas de la costa del Sol —dice la mujer de cartón.

—¿Sol? Pero aquí en Cartondia todavía no he visto sol, ni luna, ni nubes —dice Alejandro—. ¿Es ironía?

—No, qué va. Es la pura verdad. En Cartondia no hay sol, porque Cártaga es el sol de Cartondia, es la zona que más brilla porque en ella tenemos el faro.

—¿Y para qué sirve el faro, entonces?

—Si no hay sol ni luna, tampoco hay oscuridad ni claridad, los barcos tendrán que guiarse por algo para llegar a puerto, ¿no?

—Ah, vale. —Se queda pensativo—. Qué bonito.

El faro tenía un fallo técnico, la mujer de cartón se preocupa de que lo arreglen lo antes posible y da un paseo por la playa con Alejandro. Ven perritos bañándose en el mar.

—¿Hay perros en la playa?

—Están permitidos en algunas playas, pero creo que deberían estar en todas, ¿a ti qué te parece?

—Yo creo que los perros son menos ruidosos que las personas —expone Alejandro.

—Y también hay algunas personas que son más sucias que los animales y no cuidan las playas como deberían.

—Yo creo que son las personas las que deberían estar prohibidas —termina diciendo Alejandro.

—Completamente de acuerdo.

**

Esta ya es la última vez que Alejandro se monta en el tren, deja atrás la estación con pictogramas de música, mar, cultura y animales. Le ha parecido agradable el sonido del mar, ha podido quitarse sus auriculares. La mujer de cartón lo coge de la mano.

—Cuando bajemos en Cartanada nos despedimos, ¿lo sabes? —dice la mujer de cartón.

—¿Y por qué te vas a ir?

—Porque ya no me vas a necesitar más.

—¿Es una broma? Te estás riendo —pregunta Alejandro.

—No, cariño. Es la pura verdad. Sonrío porque quiero decirte que ha sido un placer tenerte conmigo en este viaje. Has aprendido muchas cosas, aunque ahora creas que no.

—¿Qué he aprendido?

—A comunicarte mejor, a mirar más allá de lo que más te gusta a ti, a entender que hay personas con más intereses y a adaptarte a la situación.

—Vaya…

—¿Qué pasa? —la mujer de cartón le pregunta, Alejandro ha girado la cara hacia la ventana.

—¿Qué es eso? —dice observando una construcción preciosa.

—¡Oh, Alejandro! ¿Ves lo que te digo? Estás en el tren y has podido fijarte en eso de ahí afuera —dice entusiasmada la mujer de cartón.

—¿Qué es? —insiste él.

—Eso es la Carthambra, uno de los monumentos más importantes de Cartondia.

—¿Y podemos ir allí?

—Quizás otro día, si vienes demasiado a Cartondia, te olvidarás de vivir la vida en el mundo de carne y hueso —le dice la mujer de cartón.

—¿Y puedo venir siempre que quiera?

—Siempre que lo necesites. —La mujer de cartón entiende que a Alejandro le cuesta mucho despedirse, por eso, en vez de decir adiós le dice—: ¿Me quieres dar un abrazo?

Alejandro abraza a la mujer de cartón, pero no puede apartar la mirada de esos edificios de cartón, rodeados por árboles. Oh, vaya, han entrado en un túnel. Se acabaron las vistas. ¡Eh! ¿Y la mujer de cartón?

Alejandro está en su cuarto de nuevo, con su tren en la mano. Mamá entra y se sienta a su lado. Sabe lo que adora jugar con sus trenes.

—Alejandro, ¿me ayudas a preparar la mochila para mañana? Recuerda que tienes una excursión.

—¿Mañana?

—Sí, pero… no vais en tren —le dice preocupada por su reacción.

—No importa, mamá, tengo el mío siempre en la mochila.

**

Ya preparado, en perfectas condiciones, Alejandro espera a que venga el autobús. La maestra que siempre va a su clase se acerca a él, así que Alejandro aprovecha para preguntarle:

—¿A dónde vamos de excursión?

—A la Alhambra —sonríe su maestra.

—¿Es ironía? —pregunta él esperanzado de que no lo sea.

—No, cariño, es la pura verdad.

Alejandro sigue adorando sus trenes más que nada en el mundo, pero ahora entiende que sus intereses no tienen por qué ser los mismos que los de todo el mundo. Aprende poco a poco a comunicarse con los demás. Pero, sobre todo, los demás han aprendido que hay que explicarle a Alejandro cuándo es ironía y cuándo es la pura verdad.

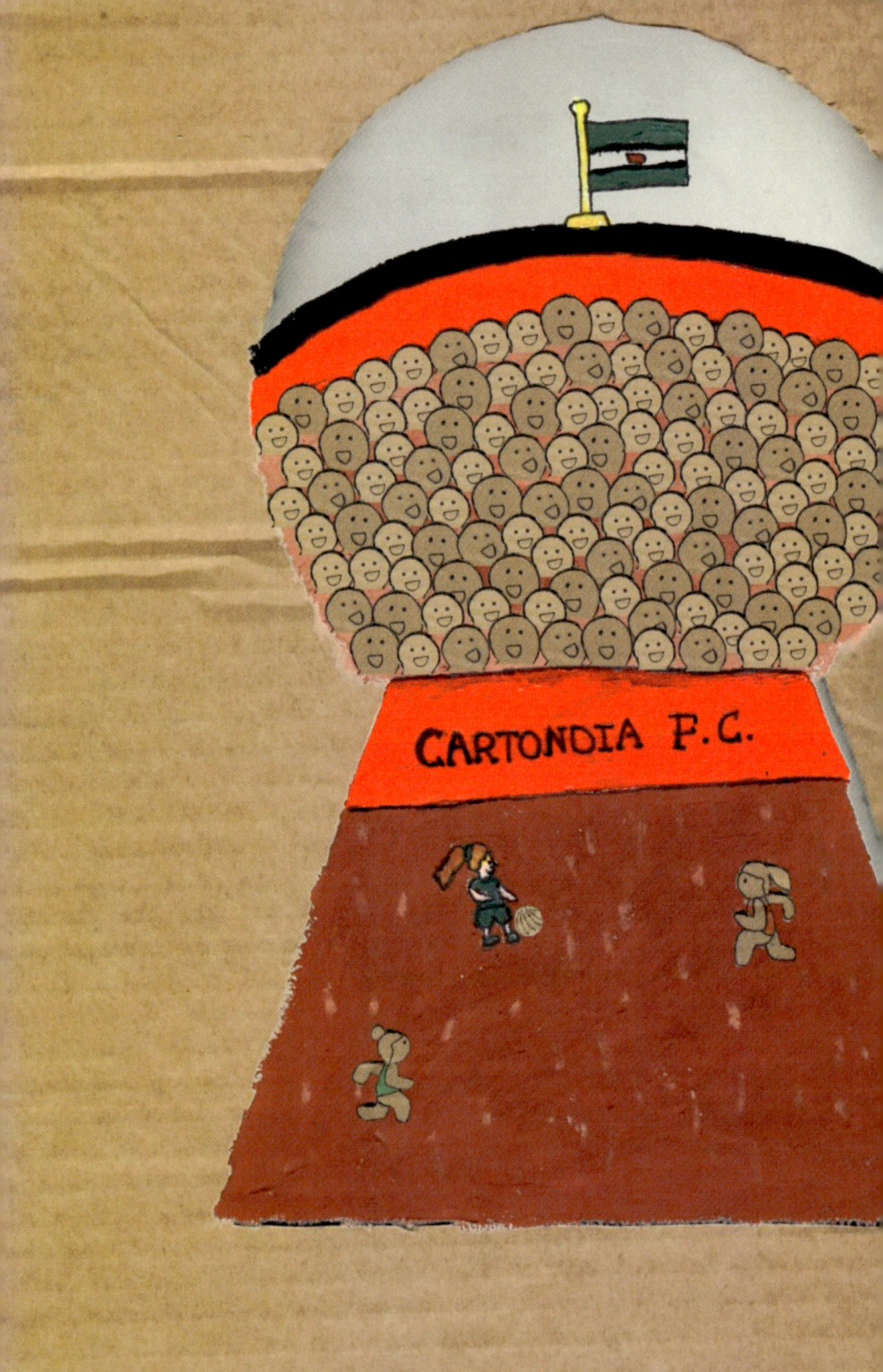

Paula

Paula acaba de salir del vestuario. Se ha vestido para entrenar en el campo de fútbol con sus compañeras de equipo. Se ponen a calentar mientras la entrenadora les dedica unas palabras de motivación:

—Los entrenamientos son muy importantes, incluso más que los propios partidos. Tenemos que dar lo mejor de nosotras mismas.

Mueven las articulaciones y los músculos, después hacen ejercicios en zigzag con conos y con balón; luego, hacen pases fáciles para aprender a controlar. Tras ello, trabajan un poco de posesión de balón y finalmente hacen ejercicios de finalización y un pequeño partido.

Paula quiere ser como su hermano Raúl. Es siete años mayor que ella y es su mayor inspiración. Ha jugado en grandes equipos de fútbol y se esfuerza cada día por llegar a ser futbolista profesional. Para Paula ya lo es, ella piensa que es el mejor: es inteligente, alto, tiene talento para el deporte y además aprendió a leer solo y fue el primero en su clase en aprender a leer y escribir. ¡Qué suerte! Con lo que le cuesta a Paula leer una sola palabra.

Además del fútbol, Paula adora la natación y el atletismo. Corre bastante rápido y tiene buena disciplina. Nadar también se le da bien. Las tardes entre semana las disfruta muchísimo más que las mañanas. A Paula le gusta la escuela, pero se siente lenta y torpe. Por eso adora tanto ir por las tardes a entrenar. Y mucho más adora jugar partidos los fines de semana. Es el momento en el que se siente realizada.

Menos mal que su hermano Raúl la ayuda bastante con los deberes.

—Mamá, ¿la niña tiene deberes hoy? —pregunta Raúl. En casa llaman "la niña" cariñosamente a Paula.

—Pregúntale a ella.

—¿Dónde está?

—En el patio con la pelota —contesta su madre señalando la puerta del patio.

—¡Paula! —grita Raúl—. ¿Tienes deberes?

—¡Sííí! —contesta Paula.

—Pues venga, vamos a hacerlos antes de irnos.

Raúl la lleva a los partidos y a los entrenamientos porque también entrena a un equipo de fútbol de alevines. Juntos hacen los deberes y cada día comparten unas horas de deporte juntos. Raúl es maravilloso, piensa Paula, aunque su madre dice que desde que es adolescente está un poco "atravesado". Hoy, Paula tiene un partido importante y quiere acabar cuanto antes.

Y se sientan en el escritorio. Paula saca el cuaderno y el libro. Ya está abierto. El problema es empezar, para ella es eterno ponerse a hacer los deberes. Y ver que su hermano lo entiende la hace sentirse mucho peor. Su madre dice que es porque es siete años mayor que ella, es normal que sepa más. Pero Paula no está conforme, sabe que su hermano es mejor que ella y que nunca jamás podrá ser como él.

Hoy está especialmente espesa. Tiene que escribir una receta de comida saludable paso a paso, poner los ingredientes y hacer un dibujo. A Paula se le hace un mundo enfrentarse a eso. Primero tiene que leer el enunciado y escribirlo en el cuaderno y luego, además, hacer la actividad. ¿Pero qué clase de tortura es esta?

—Venga, Paula, si esto está chupado. Vamos a leer.

—Uno —empieza Paula leyendo—. Es-cir…

—Escri —le interrumpe Raúl. Paula lo mira seria.

—Es-cri-de u-na…

—Escribe, con "b" de burro —le corrige de nuevo Raúl.

—Es-cri-be u-na re-que…

—Receta, Paula, la "ce" con la "e" suena como la "z". —Raúl pone la lengua entre los dientes y pronuncia la "z" con la "e". Paula se desespera.

—Pues si tan listo eres, lee tú el enunciado —termina contestando Paula.

—Escribe una receta saludable incluyendo los ingredientes. Realiza un dibujo de la receta —lee de carrerilla Raúl.

—Ala, pues haz la receta tú, si eres tan rápido. —Se enfada Paula.

—Lo tienes que hacer tú.

Paula se cruza de brazos, se niega a hacer los deberes. Le da mucha rabia que su hermano le corrija.

—Pero ¿por qué no lees bien? Es que no miras bien las letras, te las inventas —le dice Raúl.

—¡Yo no me invento las letras!

—Los niños de tu clase ya saben leer todos y tú, como eres tan despistada y tan floja, mira, siempre vas atrasada. ¡No sabes ni reconocer la "b" de burro!

—¡Eso no es verdad! —grita Paula con los ojos brillantes.

—¡Eres una floja, Paula!

—¡Que me dejes! —Paula se levanta de la silla y se pone a llorar.

La madre de Raúl y Paula entra en la habitación a ver qué ocurre porque ha escuchado gritos.

—¿Pero qué es lo que pasa?

—La niña, que no quiere hacer los deberes.

—¡Mentira! Me está diciendo que soy floja, ¡y yo no soy floja! —grita Paula entre llantos.

—Pero, Raúl, no la trates así, que todavía es pequeña —le dice su madre.

—Mamá, se inventa las palabras, ¿cómo puede confundir la "b" con la "d"?

—¡Que ha sido una vez solo! —sigue llorando Paula.

—Paula, la "b" tiene barriguita y la "d" culito respingón —le dice su madre.

—¡Que ya lo sé! —Paula se desespera, se siente atacada.

—Paula, la "d" de dado y la "b" de burra, como tú —se ríe Raúl.

—¡Raúl, ya basta! —dice su madre.

Paula se abalanza sobre su hermano con impotencia, no puede creer que le haya dicho burra. Pero si él siempre ha sido cariñoso con ella. ¿Por qué no puede tener paciencia? Sabe que odia hacer los deberes, que leer es una tarea muy pesada para Paula. Está profundamente triste y enfadada con su hermano y con ella misma. Lo intenta con todas sus fuerzas y no sirve para nada. Todo el mundo piensa que Paula quiere vaguear y no hacer lo más mínimo.

—Venga, vístete que vamos a llegar tarde, luego te ayudo a hacer la receta, anda —le dice Raúl burlón.

Paula no mira a su hermano. Es orgullosa, no piensa pedirle ayuda para hacer la receta. Aunque tarde tres horas, hará los deberes sola. Durante el camino hacia el polideportivo, Paula no dirige la palabra a Raúl. Esta superenfadada. Va con el ceño fruncido todo el rato. Raúl se lo toma a broma, piensa que es una niña pequeña y que ya se le pasará.

Empieza el partido y Paula no para de pensar en lo burra que es. Se imagina que le crecen de repente dos largas orejas grises en la cabeza y que todos se ríen de ella. Además de floja, burra. Es que lo tiene todo. Por qué no podría parecerse a Raúl un poco. Odia ser la burra de su casa y de su clase y de todas partes.

Por lo menos mientras juega a fútbol, o nada, o corre, no se siente así. Ojalá aprender a leer y escribir fuera tan sencillo como eso. Le pasan el balón. Se lo pasa de un pie a otro. Ojalá fuera tan fácil como esto. Se lo vuelve a pasar al otro pie. Sería pan comido. Se prepara para lanzar el balón a su compañera.

PUM. Golpea el balón. Pero ya no está en el polideportivo, sino en un estadio enorme. Un estadio marrón pero rojo y negro, como si hubiera sido pintado. Tiene luces encendidas que dan al campo de fútbol, que resulta que no es de césped, sino de cartón del duro. Paula no sabe dónde se ha metido, pero ante el nerviosismo de la incertidumbre, sigue jugando. Por lo menos, eso puede controlarlo.

Los jugadores y jugadoras son de cartón, un equipo tiene colores pintados en naranja y otros en verde. Paula lleva puesta su equipación normal, la de su equipo, que es verde. Se escucha una voz de locutor de fondo:

—¡Una misteriosa chica aparece en el campo de juego! ¡Coge el balón! ¡Se va de uno! ¡Se va de otro! ¡Corre como una gacela! ¡Es rápida como un guepardo! —sigue hablando el locutor.

—Y tonta como una burra —se dice a sí misma mientras le da una patada al balón dirección a una de las porterías.

¡GOOOOOOOOOOL! El estadio entero se levanta aplaudiendo. Paula ha marcado un gol, no tiene ni idea en cuál. Lejos de sentirse satisfecha, se siente derrotada. No puede quitarse de la cabeza a su hermano diciéndole burra.

—Pero bueno, chica, ¿quién eres tú? —le habla una mujer de cartón que ha aparecido en medio del campo de fútbol.

—¿Yo? Paula... —le dice perpleja al ver que la mujer es de cartón—. ¿Y tú?

—Yo... —Se señala una tarjeta en el cuerpo donde pone "entrenadora"—. Mira.

Paula se pone muy nerviosa, intenta leer lo que pone, pero no lo consigue. La tarjeta de la entrenadora cambia repentinamente y aparecen las letras más legibles, con la "E" mayúscula en rojo y las demás letras en azul, perfectamente identificables.

—En-ter… —la tarjeta señala en negrita la sílaba trabada "tre", lo que le da ventaja a Paula para rectificar— …tre-na-bo —ahora la tarjeta hace un cambio en la "d" minúscula, poniéndola mayúscula intermitentemente—. En-tre-na-do… ¡ra!

La entrenadora de cartón tiene mucha paciencia, sonríe y dice:

—El partido ha acabado, ¿quieres venir conmigo?

—Vale —dice Paula un poco desubicada.

La entrenadora de cartón y Paula se dirigen al vestuario. Paula se da cuenta de que los ladrillos de cartón con los que está construido el estadio están llenos de letras mayúsculas y minúsculas con espacios vacíos con formas que no tiene ni idea para qué sirven. Cuando llegan al vestuario es presentada a los jugadores y jugadoras que están haciendo estiramientos. Todos la felicitan. Paula se siente realmente bien.

—¿Te gustaría entrenar con el equipo en el campeonato de deportes de Cartondia? —le pregunta sin más preámbulo a Paula.

—Pero yo ya tengo un equipo, entrenadora —dice Paula un poco apenada.

—No te preocupes, tu estancia en Cartondia no va a alterar para nada tu vida normal.

—¿Mi estancia en qué? —pregunta Paula.

—Estás en Cartondia.

—¿Por qué? ¿Cómo he llegado hasta aquí?

—Cómo has llegado hasta aquí, no sabría decirte, hay numerosas puertas y maneras de entrar. El porqué sí te lo puedo decir: porque lo necesitas.

—¿Qué necesito?

—A lo mejor necesitas jugar el campeonato con nosotras —dice una chica de cartón.

—Bueno, no sé cómo salir, puedo jugar mientras encuentro la manera de volver —se decide Paula.

—No te preocupes, Paula, haremos todo lo posible porque aproveches tu tiempo en Cartondia —sonríe la entrenadora de cartón.

Paula conoce al equipo con el que va a participar en el campeonato. Le explican que consta de tres pruebas:

—La primera —empieza diciendo una chica de cartón— es una carrera de relevos de iniciales.

—¿Cómo? —pregunta Paula extrañada.

—En la pista de atletismo habrá dos caminos, los dos son para ti. El comentarista va a decir una palabra y tú tienes que pasar por el camino que contenga la inicial de esa palabra. Suele ser sencillo, pero a medida que vas avanzando se va complicando.

—Pero…

—La segunda prueba —interrumpe un chico de cartón— se realiza en la piscina del recinto. Como verás luego, es enorme. En ella habrá muchísimas sílabas. Pues bien, el comentarista dirá una palabra y deberás ir a buscar las sílabas en orden. Cada jugador o jugadora del equipo irá a buscar una palabra.

—Entonces, ¿siempre…?

—Y la tercera —le vuelve a interrumpir otra chica de cartón— es jugar al fútbol.

—Menos mal —suspira Paula.

—Con cinco pelotas por equipo.

—¿Qué? Eso no es fútbol —protesta Paula.

—Antes de empezar a jugar se pondrán en las pantallas del estadio las oraciones correspondientes a cada equipo. Cada oración estará constituida por cinco palabras. Cinco palabras, cinco balones.

—Pero eso es absurdo —dice Paula.

—Espera, que lo mejor viene ahora —continúa otra chica de cartón—. Debemos conseguir los cinco balones evitando que los cojan los del otro equipo, ordenarlos en posición delante de la portería y chutar.

—Vale, pero ¿y si el portero para alguna palabra?

—Tendremos que escribirla sin un solo fallo a mano. Pero… si la escribimos mal, tendremos que chutar todos los balones de nuevo.

Paula estaba muy pero que muy confundida. No solo el deporte era físico, sino que también tenía como requisito utilizar letras y palabras.

—¿Esto es normal? —pregunta Paula mirándolos a todos.

—En Cartondia sí —dice la entrenadora de cartón.

—Pero ¿por qué? Una carrera de relevos es solo correr, la natación es solo nadar y el fútbol… El fútbol es golpear el balón y marcar gol, solo eso —intenta explicarles Paula.

—Paula, en Cartondia los deportes no son "solo deportes".

—Para mí, el deporte lo es todo, y si tiene letras y oraciones y no sé qué más cosas, no voy a jugar —dice Paula bastante indignada.

—Entonces yo tampoco debería participar —dice una voz.

Paula se da la vuelta para contestar que quizás nadie debería participar en una cosa tan absurda como deportes con letras y palabras. Que el deporte ya es fácil tal como es como para hacerlo más complicado. Pero antes de pronunciar palabra se da cuenta de algo: un niño de cartón tiene solo una pierna. Paula no dice nada, solo lo observa. Le da bastante pena.

—¿Y cómo vas a participar con una sola pierna? —se aventura a decir Paula.

—Me falta una pierna, pero no las ganas de jugar. Además, tengo la otra y mi muleta de cartón piedra que me dieron en el hospital —le dice el chico de cartón sonriendo.

—Pero vas a perder, vas a quedar el último —insiste Paula un poco irritable por el orgullo.

—¿No sabes que en Cartondia no hay tiempo? Aquí gana el que acabe el recorrido bien.

—¿Y si acaban dos equipos? —pregunta Paula.

—Pues se celebra doblemente. El deporte en Cartondia es una forma más de entrenar todas nuestras capacidades, pero también nuestras debilidades. No podemos hacer solo en lo que nos sentimos "buenos" y olvidarnos de aquello que nos cuesta más. Al revés, debemos hacerlo con más ahínco.

—Ahínco… Si supieras que me paso tres horas delante de un cuaderno intentando leer un enunciado no dirías eso —dice Paula muy frustrada.

—Bueno —dice la entrenadora—. A lo mejor, lo que te hace falta es cambiar la forma de entrenar.

—¿Cómo?

—Este chico de cartón sabe que no puede hacer mucho con su pierna, pero sí con sus manos —le explica—. Quizás tú encuentres difícil reconocer las letras, pero se puede entrenar haciéndolo más vistoso.

—¿Más vistoso? ¿Eso no es trampa? —dice Paula.

—Lo que no vamos a consentir en un campeonato es que haya alguien en desventaja, por eso todas las letras y oraciones se hacen muy llamativas, aparecen en un orden y en colores y letras específicos para que todos las leamos. Al igual que las pistas y la piscina están preparadas para que chicos con muletas; o chicas sin brazos; o chicos y chicas que no distinguen bien los colores, puedan hacerlo sin problema. ¿Por qué tú ibas a ser una excepción?

—Porque soy una burra —termina diciendo Paula.

—¿Quién dice que lo eres? —pregunta la entrenadora de cartón.

—Mi hermano Raúl.

—¿Y por qué?

—Porque dice que confundo "D" de dedo con la "B" de burro, bueno, burra como yo —responde triste Paula.

—Bueno, a lo mejor tu hermano también necesita venir a Cartondia. —Le guiña un ojo cómplice—. No digas burradas. —La mira sonriente—. Y vamos a entrenar para nuestro campeonato.

Paula y su equipo de Cartondia entrenan muy duro para el campeonato. Todos se ayudan entre ellos, se aconsejan y se acompañan. Mejoran, se apoyan, se sienten parte los unos de los otros y se dan cuenta de que en equipo todo puede ir bien. Se sienten orgullosos y orgullosas de lo que están creando juntos.

El campeonato empieza con la primera prueba.

—¡Bienvenidas y bienvenidos todos al campeonato de Cartondia! —anuncia el comentarista—. ¡Comenzamos con la primera prueba: carrera de relevos! ¡Jugadores y jugadoras, cojan su testigo de cartón y pongan atención a las palabras!

La entrenadora de cartón coge a Paula de la mano durante la primera prueba, sabe que en la carrera de relevos va a tener que estar muy atenta a las iniciales de las palabras. Empiezan corriendo juntas.

—Y la primera palabra es ¡Gente!

La entrenadora espera a que Paula elija el camino que tiene la "G", pero no se decide, así que la empuja hasta la "G".

—La segunda palabra es ¡Dinero! ¡Cuidado con escoger mal las letras!

En el camino encuentran la "T" y la "D". Paula se dispone a ir hacia la "T" y su entrenadora la arrastra hasta la "D". Paula está nerviosa porque todavía no da una.

—Y la tercera palabra es ¡Duna!

Paula se concentra, tiene delante una "D" y una "L". ¿Ha escuchado bien? ¿Duna? Se arriesga, suelta a su entrenadora de la mano y se dirige hacia la "D".

—¡Genial! ¡Así se hace! Las primeras jugadoras de cada equipo acaban de soltar a su testigo, ¿qué equipo conseguirá más palabras correctas?

Al final de la prueba, el equipo verde ha conseguido 10 puntos, mientras que el equipo naranja 12 puntos.

—Paula, a pesar de los fallos, lo has hecho fenomenal, vamos a por la siguiente prueba —le dice la entrenadora de cartón a la espera de que empiece la segunda prueba.

—¡Empezamos la segunda prueba de este campeonato! ¡Esto está muy reñido, cartondianas y cartondianos! El equipo naranja encabeza con 12 puntos frente al equipo verde que lleva 10. ¿Qué pasará en esta prueba? —inicia el comentarista—. Jugadores y jugadoras, prepárense para lanzarse a la piscina. La primera palabra es: ¡Piraña!

En la segunda prueba, las compañeras y compañeros de Paula la animan con un truco.

—¡Vamos, Paula! ¡La "P" con la "I": PI! ¡PI PI PI! —Paula se zambulle en la piscina y va en busca de la sílaba PI mientras escucha a los demás "PI PI PI". Lo consigue.

—¡BIEEEEN! ¡Paula, la "R" con la "A": RA! ¡RA RA RA! —Paula ya tiene mentalizado cómo conseguir la siguiente sílaba.

Con la silaba siguiente "ÑA" no le hace falta escuchar mucho más, pero ellos siguen ahí animándola hasta el final. Consigue la palabra casi sin dificultad.

—La siguiente palabra es: ¡CAPACIDAD!

Es el turno de otro compañero, Paula ahora es la que utiliza el truco para ayudarlo junto con las otras compañeras. Durante las siguientes palabras continúa muy atenta a las sílabas que aparecen en la pantalla, que afortunadamente van todas acompañadas de colores muy vistosos para poder distinguirlas mejor.

—¡Querido público, ha habido un remonte! ¡El equipo naranja ha conseguido completar correctamente tres palabras mientras que el equipo verde ha completado con éxito las cinco palabras! ¡Enhorabuena! ¡Los equipos empatan a 15 puntos cada uno! —grita el comentarista muy emocionado—. La última prueba está a punto de comenzar, ¡prepárense!

Es momento de la última prueba. En la pantalla se ven las palabras que hay que buscar y debajo de cada palabra aparece un pictograma: gato, mucho, blanco, el, maúlla.

—¡Ya tenemos las palabras preparadas para formar la oración! ¡Recordad que si no marcáis gol debéis escribir la palabra, sin mirar, en la pizarra que hay junto a la portería! ¡Apoyaos en vuestro equipo porque si no la escribís bien, cambiaremos las palabras de la oración! ¡Mucha suerte a todos y que comience la prueba!

Todos se disponen a salir corriendo cuando los balones salen desperdigados. El equipo naranja se divide para coger sus balones y a la vez coger los del equipo verde. Los equipos tienen que evitar que les quiten sus balones, así que Paula va a toda velocidad y regatea sin pensarlo. Ha conseguido recolectar tres de los cinco balones y los pone en posición delante de la portería.

Dos jugadoras traen los dos últimos balones verdes que les quedaban y los ponen en posición.

—¡EL! —Lanza una jugadora de cartón verde.

—¡GOOOOL! —grita el comentarista—. ¡16 puntos equipo verde!

—¡GATO! —Lanza un jugador del equipo verde.

—¡GOOOOL DE NUEVO! ¡16 puntos equipo naranja y 17 equipo verde!

—¡BLANCO! —El balón es parado por el portero del equipo naranja y Paula tiene que ir a escribir la palabra a la pizarra.

—¡Paula! ¡La "B"! ¡Escribe la "B"!

Paula se queda pensativa. La "B" de burra. Pero una compañera de su equipo dice:

—¡Paula la "B" de barco, de brócoli, de ballena! —Paula escribe una "B" mayúscula perfecta—. ¡Eso es! ¡Ahora la "L"! —Paula continúa escribiendo letras que le van diciendo sus compañeros y compañeras.

—¡Genial! La jugadora de carne y hueso, Paula, ¡ha conseguido escribir la palabra con éxito! 18 puntos equipo verde y ¡DOS GOLES DEL EQUIPO NARANJA! —comenta el locutor.

—¡MAÚLLA! —continúan chutando.

—¡GOOOOL DEL EQUIPO VERDE! ¡19 puntos!

—¡MUCHO! —Chutan el último balón. Todos se quedan esperando en la pantalla si la oración es correcta.

—¡GOOOOL DEL EQUIPO NARANJA! ¡Ha encabezado el campeonato con 20 puntos! Pero… ¡Un momento! —Para el locutor—. ¡La oración del equipo verde es correcta! ¡El equipo naranja debe empezar de nuevo porque ha fallado en el orden de sus palabras!

—¿Qué, qué les ha pasado? —pregunta Paula preocupada.

—El equipo naranja ha chutado con el orden: El gato maúlla mucho blanco. Y parece ser que es incorrecto. Tienen que volver a chutar las palabras en orden.

—¡EL EQUIPO VERDE ACABA DE TERMINAR EL CAMPEONATO! ¡ENHORABUENA, EQUIPO VERDE! — grita el comentarista.

Paula, junto con los cartondianos y cartondianas verdes, ha acabado antes la prueba. El estado enloquece. ¡CAR-TON-DIA! ¡CAR-TON-DIA! Todos aplauden y gritan de alegría. En ese momento, el equipo naranja está a punto de chutar el último balón. El jugador que queda por chutar el balón es el chico de cartón con una sola pierna. Paula se queda expectante deseando que chute correctamente. Se lo merece, piensa. El chico se apoya en sus muletas, coge impulso, chuta con su única pierna y…

—¡GOOOOOOOOL DEL EQUIPO NARANJA!

—¡BIEEEEEEEEEEEEN! —gritan Paula y su equipo.

—¡EL EQUIPO NARANJA ACABA DE TERMINAR EL CAMPEONATO! ¡ENHORABUENA! —grita el comentarista mientras el estadio entero ovaciona de nuevo.

—¿Y quién ha ganado entonces? Los dos equipos tenemos los mismos puntos —pregunta Paula a la entrenadora de cartón.

—Todos, por supuesto —dice la entrenadora de cartón.

—Pero alguien tiene que ganar, es un campeonato.

—Exacto, es un campeonato. Formado por campeones, ¿ves aquí a algún equipo que no haya conseguido su propósito?

—Bueno, no. Pero nosotros lo hemos terminado antes.

—Exacto. Vosotros lo habéis hecho antes, pero no significa que estemos compitiendo. Esto no es cuestión de quién acaba antes y quién después, sino de quién es capaz de acabarlo con éxito. Es un campeonato de cooperación en equipo.

—¿Y si hubiéramos tenido puntos diferentes? —pregunta Paula.

—¿Y qué más da? —dice la entrenadora de cartón.

—Para algo servirán los puntos, ¿no? Si no, ¿para qué se dan puntos?

—¡Ah! ¡Se me olvidó decírtelo! Los puntos que obtengan los equipos se canjean por dinero que va a parar al hospital de Cartondia.

Paula sonríe tanto que se le ven todos los dientes. Lejos de sentirse frustrada, se siente feliz por todos los cartondianos que se han atrevido a participar, especialmente el chico de cartón de una sola pierna del equipo contrario. Todos los compañeros de los dos equipos se abrazan. Paula grita de felicidad. Todos saltan. Durante el salto, aparece de nuevo en su campo de fútbol.

—¡GOOOOOOOOOOOOOOL DE MARTINA! —grita el locutor.

Paula acaba de dar asistencia a su compañera Martina y ha marcado un gol. Todas las compañeras del equipo verde se abrazan. Raúl se levanta de un salto al grito de "GOOOOL" y toda la grada se levanta a ovacionar a las chicas. Ha sido un partido increíble.

Por el camino de vuelta a casa, Raúl le va diciendo lo bien que lo han hecho, cómo ha regateado al equipo contrario, cómo han ganado el partido. Paula lo mira en silencio, aún le dura un poco el enfado. Después de todo, él le ha dicho burra y eso no se le olvida fácilmente.

—Que hayamos ganado no significa que las otras sean unas perdedoras. Todas hemos ganado porque hemos cooperado entre nosotras —dice Paula.

—Bueno… sí, es otra forma de verlo —le dice Raúl un poco incrédulo.

No vuelven a decir nada más. Paula se mete en su cuarto a intentar dormir. Después de lo que ha vivido hoy en Cartondia se siente un poco más segura de sí misma. Mañana seguro que le sale genial la receta, siguiendo todas las técnicas que ha aprendido durante los entrenamientos de Cartondia. Cierra los ojos, sonríe. Se siente mucho mejor. No tan torpe, no tan burra. Más capaz.

Mientras tanto, en la habitación de al lado, Raúl está recordando el gran partido que ha hecho su hermana. Lo vaga que es para unas cosas y el empeño que pone en otras. Si fuera un poco más constante, a lo mejor tendría mucho más éxito. En el fondo lo que Raúl piensa es que no se esfuerza lo suficiente. Entre pensamientos hacia su hermana, Raúl se queda dormido.

Raúl abre los ojos sin entender por qué, si hace un segundo estaba que se caía de sueño. Ahora tiene la necesidad de abrirlos. ¿Será culpabilidad? Pero cuando se da cuenta, no está en su habitación, sino en una de cartón. Definitivamente sí que está dormido, no puede haber otro motivo, debe estar soñando, un sueño de lo más real.

Sale de la habitación de cartón y se encuentra con un pasillo largo y ancho con muchas puertas de cartón, bastante grandes. Qué raras son las puertas, piensa. Sale del edificio de cartón y cuando mira la fachada lee "Hotel". ¿Un hotel?

—¡Hola! —escucha Raúl. Mira a su lado y observa a una mujer de cartón. ¿Pero cómo?

—Buenas —se dispone a contestar educadamente.

—¿Qué tal Raúl? —le dice la mujer de cartón.

—Bien, supongo, ¿cómo sabes…?

—Qué bien que estás aquí, tienes que ayudarme a hacer unas cuantas cosas en el estadio.

—¿El estadio? ¿Qué…?

—Verás, nuestro estadio ha perdido muchas piezas importantes por todas partes, necesito que me ayudes a encontrarlas.

La mujer de cartón no le deja hablar con soltura, así que Raúl hace caso de sus palabras y la acompaña hacia el estadio. Es un edificio muy grande, entero de cartón formado por ladrillos pequeños.

—Fíjate bien en los ladrillos. —Le señala la mujer de cartón—. ¿Qué ves?

—Son letras.

—Sí, y también hay huecos, ¿no?

—Sí.

—Necesito que me ayudes a rellenar esos huecos.

—¿Que yo tengo que ayudarte a rellenar eso? ¿Con qué? —pregunta Raúl.

—Hay imágenes por todas partes en el estadio, han debido de caerse. Es muy sencillo, cada imagen va en el hueco de su letra.

—Pero si hay muchas letras; de hecho, están repetidas —le dice Raúl bastante nervioso—. Tardaré horas.

—Pero, Raúl, no es tan difícil, yo te ayudo, seguro que entre los dos lo hacemos superrápido.

Sin saber muy bien por qué, Raúl empieza a coger imágenes por el estadio y a llevarlas a su inicial correspondiente: serpiente con la "s", ola con la "o", pingüino con la "p"…

—Oiga, llevo mucho tiempo poniendo imágenes, ¿esto no se acaba nunca? —dice Raúl un poco desesperado.

—Raúl, venga, no seas flojo, mira esas chicas y chicos de cartón, llevan muchas más que tú y a juzgar por su tamaño dirían que son incluso más jóvenes.

Raúl se siente muy frustrado, le está costando la vida encontrar imágenes, después buscar la letra, después ponerla en su sitio. Y vuelta a empezar. Pero no desiste. No quiere que nadie piense que es torpe, ni vago.

—Buzo con la "b", brócoli con la "b", ballena con la "b", batería con la "b", barco con la "b"… Qué raro —piensa para sí mismo—. Llevo muchas imágenes con la "b", a ver si me voy a estar equivocando. Ah, mira la "b" de burro —sonríe.

—No, Raúl, es la "a" de asno —dice la mujer de cartón.

—Pero ¿qué más da? Lo mismo es —replica Raúl.

—¿No crees que hay muchas palabras que comienzan por "b"?

—Sí, pero burro también empieza por "b".

—Cierto, intenta ponerlo en la "b" o en la "c" de cabezota, cenutrio, cretino —le dice la mujer de cartón.

—¿Cómo dice? —pregunta Raúl bastante molesto.

La mujer de cartón sigue buscando imágenes para poner en los huecos. Raúl está enfadado. Se siente insultado por esa dichosa mujer de cartón. Se siente atacado. Se siente… como Paula.

—¿Sabes qué? —dice la mujer de cartón repentinamente.

—Qué —contesta seco Raúl.

—Creo que todos tenemos fortalezas y debilidades y no somos mejores ni peores por hacerlas a nuestro ritmo. ¿Crees que eres peor por buscar imágenes y ponerlas en su sitio más lentamente que los demás?

—Me acaba de decir que soy un cenutrio, un flojo, un cretino —le dice Raúl.

—¿Pero lo crees?

—No soy peor, pero la verdad es que me está costando bastante.

—Pero también es una tarea sencilla, ¿no es así?

—Sí, aparentemente sí. Pero no lo es en realidad.

—¿Y solo porque te cueste hacer esta tarea tan sencilla para la mayoría de los que estamos aquí eres un vago?

—¡Pues claro que no! Si me esfuerzo mucho más. —En ese momento, Raúl comprende cómo se siente Paula cuando le dice burra y que no ha sido justo con ella.

—Creo que ya lo has entendido —sonríe la mujer de cartón.

—Creo que sí.

—Bueno pues, ya no necesitas estar más aquí, trata bien a las personas, si quieres que las personas te traten bien a ti —le dice la mujer de cartón acompañándole a la puerta del estadio.

—Lleva razón, pero… —dice Raúl antes de marcharse—. Tengo una última pregunta.

—Dime.

—¿Por qué las puertas en este… sitio son tan grandes, tan anchas?

—En Cartondia las puertas son amplias y altas para que todos podamos entrar, todas se abren con esta llave. —Saca una llave de cartón que tiene escrito "diversidad"—. Quizás podrías llevarte la llave para que te acuerdes de que, al igual que las puertas, las personas debemos estar abiertas para ayudar a otras en lo que podamos, porque siempre hay personas, que al igual que esta puerta, nos pueden ayudar a nosotros. Con esta llave, las abrirás todas.

La mujer de cartón le da la llave, le sonríe y lo ve pasar por la puerta. Se escucha un "gracias". Raúl vuelve a estar en su cama de siempre. Se despierta. Aún es de noche. Se mira en el espejo de su habitación y busca la llave de cartón. Toca algo en su bolsillo. Saca la llave de cartón y de un momento a otro desaparece ante sus ojos. ¿Ha sido un sueño o no?

Ya es de día. Raúl no ha dormido muy bien pensando en el sueño que ha tenido. Ha sido muy raro. Todo de cartón. Bueno, un sueño más. Pero tiene la necesidad de ir al cuarto de su hermana. Llama a la puerta y abre. La ve desquiciada intentando hacer la difícil tarea de la receta. Raúl siente una punzada en el pecho. Le da mucha pena.

—Buenos días, Paula, ¿qué tal llevas el domingo? —le dice amablemente.

—Muy bien, estoy haciendo mis deberes —dice Paula sin mirar a Raúl.

—¿Quieres que te ayude?

—¿Para qué? ¿Para que digas que soy floja o burra? —dice irritablemente Paula.

—Perdóname, me he equivocado.

Raúl le da un abrazo a Paula. Al principio sin respuesta. Pero poco a poco, Paula abre sus brazos. Paula se seca la lagrimilla de su ojo. Raúl se da cuenta de que Paula no es floja, sino que le cuesta muchísimo leer y eso hace que en algunos momentos se desespere. A partir de ahora sabe que debe ayudar a su hermana con mucha paciencia y demostrándole que es muy buena en lo que hace y en lo que no, también, porque significa que se esfuerza el doble.

En la escuela también se han dado cuenta de que Paula tiene dificultades para leer y han decidido presentar la información en clase mucho más clara, ordenada y en pequeños pasos, con letras grandes y coloridas junto con pictogramas. En casa, Raúl la ayuda leyendo con ella el enunciado. Cuando está lista para seguir leyendo sola, tienen una clave secreta para que él deje de leer y ella siga, pero siempre sintiéndose respaldada por su hermano. Puede que tenga que esforzarse siempre mucho más al leer o escribir, pero eso no le va a impedir conseguirlo y hacerlo igual de bien que los demás.

AGRADECIMIENTOS

A las maestras y los maestros que creen en las capacidades de sus alumnos y alumnas, a quienes se esfuerzan día a día para abrir y ensanchar la puerta a la educación. A quienes cambian vidas y dan oportunidades.

A todos y todas ellas: que la diversidad sea la llave de esa puerta.

Índice